Marcel Naas

PRAXISSCHOCK

Wie sich Nico Sommer über
den Theorie-Praxis-Graben rettet

hep
der bildungsverlag

der bildungsverlag
www.hep-verlag.com

FSC
www.fsc.org
MIX
Papier aus verantwortungsvollen Quellen
FSC® C013736

Marcel Naas
Praxisschock
Wie sich Nico Sommer über den Theorie-Praxis-Graben rettet
ISBN Print: 978-3-0355-1359-2
ISBN E-Book: 978-3-0355-1360-8

Gestaltung: Isabell Schmidt-Borzel, Konstanz
Illustrationen: Eugen U. Fleckenstein, Winterthur

Bibliografische Information der Deutschen Nationalbibliothek:
Die Deutsche Nationalbibliothek verzeichnet diese Publikation in der Deutschen Nationalbibliografie; detaillierte bibliografische Daten sind im Internet über http://dnb.dnb.de abrufbar.

1. Auflage 2019

www.hep-verlag.com

INHALTSVERZEICHNIS

VORBEMERKUNG

«Praxisschock» steht groß auf dem Buchumschlag, und wenn der Untertitel nicht wäre, könnte man meinen, der Berufseinstieg sei eine hoffnungslose Angelegenheit. Das trifft selbstverständlich nicht zu. Angehende Lehrpersonen werden in vielen Praktika bestmöglich auf die bevorstehende Berufspraxis vorbereitet, sodass sie eben genau keinen Praxisschock erleiden. Wenn es – wie in diesem Buch beim fiktiven Berufseinsteiger Nico Sommer – trotzdem zu einem kommt, dann oft, weil die Verbindung von Theorie und Praxis nicht hergestellt wird. Oder anders formuliert: Wenn jemand denkt, nach der Ausbildung die Theorie endlich hinter sich lassen zu können, täuscht er sich gründlich. Wer geschockt und leicht desillusioniert nach schneller Hilfe sucht, landet meist bei Ratgeberliteratur. Dazu gehört dieses Buch definitiv nicht.

Als ehemaliger Sekundarlehrer weiß ich, dass allgemeine Tipps oft zu kurz greifen. Und nach meinem Studium der Erziehungswissenschaft und aus der jetzigen Sicht als Dozent an der Pädagogischen Hochschule liegt es mir umso ferner, eine Sammlung von Praxisrezepten zu veröffentlichen. Vielmehr möchte ich die Verbindung zwischen Theorie und Praxis aufzeigen und stärken. Es gibt für Situationen oder Fragen in der Schulpraxis immer viele und diskutierbare Lösungen – und es gäbe selbstverständlich auch andere Antworten als jene aus der Pädagogischen Psychologie und der Allgemeinen Didaktik. Ich analysiere und erkläre aus diesen Perspektiven, weil sie mir die vertrautesten sind.

Dieses Buch ist ein theoretisch gestützter Praxisbericht aus dem Leben eines Berufseinsteigers, der allerhand typische, zuweilen überzeichnete Situationen des Schulalltags erlebt. Nico Sommer ist erfunden. Ich habe mit ihm so etwas wie einen Wunschstudierenden oder eine Wunschlehrperson kreiert, denn er verlässt sich nicht nur auf die Versuch-Irrtum-Methode, um Erfahrungen zu sammeln und so qua *learning by doing* zum besseren Lehrer zu werden. Er versucht stattdessen, Theorie und Praxis zu verknüpfen, also gelernte Theorie in der Schulpraxis anzuwenden oder das Unterrichtsgeschehen theoretisch zu reflektieren – ganz im Sinne des *reflective practitioners* von Donald A. Schön.[1]

Die Grundidee des Buches ist, dass Sie, liebe Leserinnen und Leser, an Nicos Gedanken teilhaben können und so nicht nur sehen, wie er handelt, sondern verstehen, weshalb er so handelt. Zur besseren Übersichtlichkeit sind seine Gedanken jeweils kursiv gesetzt.

Da Nico kein Erziehungswissenschaftler ist, erklärt er in seinen Gedanken nicht immer die ganze dahinterstehende Theorie und definiert nicht jeden Fachbegriff. Wer sich also noch mehr in die Theorie vertiefen möchte, ist herzlich eingeladen, die am Seitenrand und im Index ausgeführten Begriffe in der Fachliteratur nachzuschlagen.

Die zu Beginn jedes Kapitels – *Klassenführung, Wissenserwerb, Motivation, Metakognition und Selbststeuerung, Verstehen und Anwenden* – etwas salopp formulierten Fragen mögen für die Phase des Berufseinstiegs besonders kennzeichnend sein, beschäftigen aber auch erfahrene Lehrpersonen in der täglichen Arbeit immer wieder. Insofern richtet sich das Buch nicht ausschließlich an Berufseinsteigende, sondern an alle an Unterricht interessierten Personen. Es soll dazu beitragen, den berüchtigten Theorie-Praxis-Graben weiter zuzuschütten oder, noch besser, ihn gar nicht erst entstehen zu lassen.

Zürich, im Herbst 2019
Marcel Naas

1 Donald A. Schön. 1987. Educating the Reflective Practitioner. San Francisco: Jossey-Bass.

PROLOG

Nico Sommer macht sich auf den Weg zur Schule. Im August hat er in seiner ersten Anstellung als Sekundarschullehrer eine siebte Klasse übernommen. Der Start glückte ihm nicht besonders. Vieles, was ihm in der Ausbildung völlig plausibel und klar vermittelt worden war, wollte in der Praxis nicht so richtig funktionieren. Für praktische Probleme fand Nico oft keine Lösung, weil ihm die passende Theorie fehlte. Oder mangelte es einfach nur an Erfahrung? Damit trösteten ihn seine Teamkolleginnen und -kollegen. «Das wird schon. Am Anfang ging es mir wie dir.»

Nico genügte das nicht. An der Pädagogischen Hochschule war mantramäßig wiederholt worden, die Theorie sei zur Reflexion der Praxis unerlässlich, genauso wie die Praxis als Handlungsfeld der Theorie eminent wichtig sei. Das verhindere, dass sich ein Theorie-Praxis-Graben auftue. Erfahrung sei wertvoll, allerdings umso mehr, wenn sie mit theoretischen Kenntnissen verknüpft werden könne. Nico glaubte an die Wichtigkeit der Theorie – bis er als Klassenlehrer die erste Sekundarklasse übernahm und vom Berufsalltag so absorbiert wurde, dass für die Reflexion keine Zeit mehr blieb. Es war ihm, als würde er in einem Ruderboot im Sturm auf dem Meer treiben, bald von der einen, bald von der anderen Welle erfasst, und so sehr er auch ruderte, gelang es ihm kaum mehr, das Boot in die gewünschte Richtung zu steuern. So konnte es nicht weitergehen. Das beschloss Nico in den Herbstferien nach drei Tagen im Bett, als er realisierte, dass ihn nicht nur die Grippe so geschwächt hatte.

Nico verlangsamt seine Schritte. Noch um diese Kurve, dann steht er vor dem Schulhaus. Er fühlt sich unbehaglich.

Was ist los mit mir? Habe ich etwa Angst? Und wovor genau? Ich bin doch gerne Lehrer, oder nicht?

Er legt die Stirn in Falten und schluckt leer. In einer halben Stunde beginnt die erste Lektion nach den Herbstferien. Nico spürt, wie sich sein Puls beschleunigt.

Ich kenne das Gefühl. Es ist die übliche Unsicherheit, die ich vor jedem Praktikum oder nach den Sommerferien auch gespürt habe. Nehmen die mich ernst? Kann ich mich durchsetzen? Kann ich in meiner Rolle als Lehrperson genügen?

Vor einem Fenster der Turnhalle bleibt Nico stehen und betrachtet sein Spiegelbild. Er richtet sich auf und strafft die Schultern. Ihm blickt ein junger Mann entgegen, 24-jährig, sportlich und recht gut aussehend, wie er findet. Aber sieht er in ihm auch einen Lehrer?

Reiß dich zusammen. Du kannst das.

Kein Zweifel: Nico war ein interessierter Student gewesen. Wie die meisten anderen war er zwar auch an die Pädagogische Hochschule gegangen, um eine Berufsausbildung zu absolvieren, aber es war ihm immer klar gewesen, dass es hierfür eine erziehungswissenschaftliche und fachdidaktische Basis braucht. Deshalb hatte er nach der Abschlussfeier die Studienbücher nicht zum Altpapier gelegt, und auch die elektronischen Dokumente auf seinem Laptop hatte er behalten.

Als Nico in den Herbstferien über die ersten zwei Monate seiner Schulpraxis als Klassenlehrperson nachdachte, kam er zum Schluss, dass ein Blick in Theoriebücher hilfreich sein könnte, um nach den Ferien gewisse Dinge zu ändern. Sobald er wieder gesund genug war, begann er deshalb nicht sofort mit der konkreten Unterrichtsvorbereitung. Stattdessen vertiefte er sich in sein dickes Lehrbuch der Pädagogischen Psychologie, um Antworten auf seine Fragen aus der Schulpraxis zu erhalten.

Mit einem letzten Blick auf sein äußeres Erscheinungsbild atmet Nico tief durch, dann überquert er mit bewusst sicherem Schritt den Pausenplatz.

Ah, da drüben stehen ja schon ein paar Schülerinnen und Schüler aus meiner Klasse. Also, Nico, keine Unsicherheit zeigen. Selbstbewusstsein demonstrieren – das wirkt!

Beim Betreten des Klassenzimmers reagiert sein Körper – Nico registriert ein Kribbeln im Bauch und zunehmende Nervosität.

KLASSENFÜHRUNG

«Warum tun sie nicht,
was ich sage?»

Nico schaut auf die Uhr und dann zur Tür. Noch zwanzig Minuten bis die Lektion beginnt. Diesmal wird er bereits hier sein und nicht wie so oft vor den Ferien als Letzter ins Zimmer huschen. Er denkt an einige Tage, an denen ihm beim vorsichtigen Öffnen der Tür ohrenbetäubender Lärm entgegenschlug. Im Zimmer präsentierte sich ihm dann eine Meute herumlümmelnder und herumalbernder Schülerinnen und Schüler. Jedenfalls war niemand bereit für den Unterricht. Lässt sich das nur schon durch seine Präsenz im Zimmer ändern? Nico weiß es nicht. Noch fünfzehn Minuten. Das Herz schlägt ihm bis zum Hals.

Ob sie auch nervös sind, wenn sie nach den Ferien wieder in mein Klassenzimmer kommen?

Nico erinnert sich an seine Lektüre in den Ferien: das Kapitel zum Behaviorismus und den Abschnitt zum klassischen Konditionieren.

Es ist gar nicht Nervosität. Es ist eine Form von Angst. Eine typische konditionierte Reaktion auf den anfangs neutralen Reiz «Klassenzimmer». Als ich in den Sommerferien das erste Mal hier eintrat, konnte ich keine solche Reaktion feststellen. Das wiederholte und zeitgleiche Auftreten der beiden Reize «Klassenzimmer» und «Gefühl des Überfordertseins» hat mich lernen lassen, auf den anfangs neutralen Reiz «Klassenzimmer» die nun konditionierte Reaktion «Unwohlsein» zu zeigen. Eine Form von Kontiguitätslernen. Meine Güte! Das ist wie Pawlows Hund, der auf ein Glockenzeichnen zu speicheln beginnt. Ich lasse mich doch nicht so plump konditionieren. Das muss sich wieder ändern.

Als die ersten Schülerinnen und Schüler ankommen, registriert Nico bei zwei Mädchen einen gewissen Widerwillen.

Was machen denn Lisa und Anna für ein Gesicht? Denen geht's nicht gut, wenn sie hier hereinkommen. Sind die auch bereits klassisch konditioniert und zeigen aversive Reaktionen auf den Reiz «Klassenzimmer»? Ich

Behaviorismus
klassisches Konditionieren
Angst
konditionierte Reaktion

neutraler Reiz
Kontiguitätslernen
Pawlows Hund
aversive Reaktion

muss versuchen, diesen Reiz mit einer anderen Reaktion als Angst oder Niedergeschlagenheit zu verknüpfen. Sie sollen sich wohlfühlen, wenn sie hier eintreten.

«Hallo Lisa, hallo Anna!» Nico geht auf die Schülerinnen zu, streckt ihnen die Hand entgegen und lächelt sie an. Die Mädchen schauen ihn verwundert an, entspannen sich aber sichtlich.

Geht doch. Ein erster Schritt in die richtige Richtung wäre gemacht. Vielleicht war ich bisher zu distanziert und habe zu sehr versucht, nicht Berufseinsteiger, sondern Autoritätsperson zu sein. Widerspricht sich das überhaupt? Eigentlich nicht, oder? Authentisch sein solle man, habe ich wiederholt gelesen. Authentisch wäre nun aber, dass ich nicht künstlich streng schaue, sondern jeden freundlich begrüße.

Nico stellt sich in den Türrahmen und wartet auf den Rest der Klasse.

Der Lehrer soll «Gastgeber» sein, heißt es. Ich werde dafür sorgen, dass man sich in meinem Klassenzimmer wohler fühlt. Meine Freundin meint ja, ich solle damit beginnen, die Pflanzen im Zimmer nicht sterben zu lassen. Vielleicht hat jemand aus der Klasse einen konkreten Vorschlag zur Sitzordnung oder dazu, wie alle besser arbeiten könnten. Ich traktandiere das mal für den nächsten Klassenrat.

Er nickt zufrieden. Der kurze Kontakt zu allen Schülerinnen und Schülern beim Händeschütteln scheint Wirkung zu zeigen. Es ist viel weniger hektisch als sonst, wenn er jeweils am Pult sitzt und ein Teil der Klasse ins Zimmer gestürmt kommt. Nico stellt einen doppelten positiven Effekt fest. Zum einen ist da der kurze freundliche, persönliche Kontakt, zum anderen markiert er so, unter dem Türrahmen stehend, auch physisch, dass hier seine Schulstube ist, wo man sich als Gast auch so verhält, wie es sich gehört. Ein erster Schritt zur neuen Klassenführung, wie er sie sich nach den Herbstferien vorgestellt hat, ist also gemacht.

Inzwischen ist die Klasse vollzählig. Die Schülerinnen und Schüler wühlen geschäftig in ihren Schultaschen und Rucksäcken, einzelne setzen sich an ihre Plätze und legen den Kopf auf ihre Arme, andere sind in laute Gespräche vertieft. Der Schulhausgong ertönt. Keine Reaktion.

«So, ich möchte beginnen ... – Blick nach vorne, bitte.» Wenig Aufmerksamkeit. Zwei Schülerinnen unterbrechen ihr Gespräch und schauen kurz zu Nico. Andere haben ihn nicht gehört oder tun zumindest so. «Es hat geläutet, darf ich euch bitten ...?»

Warum muss ich die Klasse überhaupt bitten? Die sollten doch einfach automatisch ruhig sein. Die Theorie des Kontiguitätslernens besagt, dass ein zeitgleiches Auftreten von zwei unkonditionierten Reizen – hier also die Reize «Gong» und «die auf Ruhe wartende Lehrperson» – mit der Zeit dazu führen, dass die gelernte konditionierte Reaktion, also «die Gespräche abbrechen und nach vorne schauen», auch schon auf den neu konditionierten Reiz des Gongs gezeigt wird – ganz ohne dass die Lehrperson mahnend vor der Klasse stehen muss. Warum sind sie denn nicht ruhig?

Nico wird lauter: «Ruhe, bitte!» Zwei Schüler beenden ihr Gespräch, aber noch immer wenden ihm viele den Rücken zu, weil sie mit ihren Klassenkameraden in den hinteren Bänken sprechen.

Wollen die mich provozieren? Oder haben sie mich echt nicht gehört?

«Wer jetzt nicht nach vorne schaut, bleibt heute Mittag länger hier.» Nico hat noch einmal lauter und bestimmter gesprochen. Die Gespräche verebben, und alle wenden sich ihm zu. Endlich kann es mit der Lektion losgehen. Nico hat zu schwitzen begonnen und fühlt sich nach dem ersten Machtkampf des Tages bereits nicht mehr so frisch wie noch vor fünf Minuten. Das hat er sich anders vorgestellt.

Klassenführung mit angedrohten Strafen ist eigentlich nicht das, was ich mir vorgenommen habe. Eine direkte Bestrafung durch Hinzufügen eines

Kontiguitätslernen
unkonditionierter Reiz
konditionierte Reaktion

konditionierter Reiz
Strafen
direkte Bestrafung

Reizes, hier also das Nachsitzen, wäre das gewesen. Ich hätte auch eine indirekte Bestrafung in Aussicht stellen können, also denjenigen, die noch immer nicht bereit waren, mit einem Entzug drohen. «Wer jetzt nicht aufpasst, darf heute nicht am Computer arbeiten.» Lächerlich. Zu Recht heißt es wohl in der Theorie, man solle lieber gewünschtes Verhalten ermutigen oder verstärken als unerwünschtes Verhalten mit Strafen unterdrücken.

«Ich hoffe, ihr hattet schöne Herbstferien.» Nico will nicht mit einer Standpauke einsteigen. «Gut, dass ihr alle am Platz wart und eure Sachen bereitlagen, als es geläutet hat.» Die Atmosphäre verbessert sich merklich. «Ziel ist es, dass wir dann auch gleich mit dem Unterricht beginnen können. Das nehmen wir uns für dieses Semester vor.» Viele lächeln, einige grinsen etwas schuldbewusst.

So kann ich sie vielleicht ins Boot holen. Ich beschuldige niemanden direkt, sondern formuliere ein gemeinsames Ziel. Zudem muss ich einzelne Teilschritte auf dem Weg zum Ziel positiv verstärken. Dass sie alle am Platz waren und die Sachen ausgepackt hatten, war ja wirklich schon mal ein guter Anfang.

«In der heutigen Deutschdoppelstunde befassen wir uns noch einmal mit den Wortarten. Ziel ist es, dass ihr am Ende der beiden Lektionen in einem beliebigen Text die Nomen und Pronomen finden und bestimmen könnt.» Nico hat nun die ungeteilte Aufmerksamkeit der Klasse und ist froh, dass er seinen Input ungestört geben kann. Er macht einen Beispielsatz.

«Die Ente schwimmt im Teich. Welches sind die Nomen, welches die Pronomen?» Er wendet sich von der Klasse ab, um den Satz an die Wandtafel zu schreiben, ist aber noch nicht beim zweiten Wort angelangt, als es hinter ihm bereits unruhig wird. Er blickt über die Schulter. Außer verdächtig scheinheiligen Gesichtern kann er aber nichts Besonderes erkennen. Er schreibt weiter – mit ungutem Gefühl.

indirekte Bestrafung
positiv verstärken

Ich hätte diesen Beispielsatz vorher an die Tafel schreiben sollen. Der Klasse den Rücken zuzuwenden, während alle warten müssen, schreit ja danach, dass jemand etwas Dämliches tut.

Hinter ihm wird ein Stuhl gerückt. Nico zwingt sich, den Satz fertigzuschreiben. Jemand kichert.

Du bist selbst schuld. Der Unterricht sollte keine Brüche haben. «Zügigkeit und Reibungslosigkeit» als Mittel zur Störungsprävention. Von wem stammt das schon wieder ...?

Nico dreht sich um und sieht aus den Augenwinkeln, wie einer seiner Schüler mit den Armen schlägt, als hätte er Flügel. Er macht die Bewegungen aus dem Ententanz. Die anderen scheinen sich köstlich zu amüsieren und können sich nur knapp lautes Lachen verkneifen.

«Was läuft da, Luca?»

«Sie, Herr Sommer», Luca hebt seine Schultern und dreht die Handflächen mit gespielter Empörung nach oben, «ich habe nichts gemacht.»

«Und warum schauen alle zu dir?»

«Das weiß ich doch nicht. Das müssen Sie die anderen fragen.»

Das werde ich bestimmt nicht tun. Am besten ignoriere ich das Ganze.

«Zurück zu unserem Beispielsatz. Wer kann die Wortarten bestimmen?»

«Ente ist ein Nomen!», ruft Tobias.

«Wie war das schon wieder mit dem Handheben?» Langsam, aber sicher ist Nico gereizt.

Omar streckt auf und wiederholt den Satz, worauf sich Nico umdreht und das Nomen braun unterstreicht.

«Quaaaak!», ertönt es in seinem Rücken. Einige lachen laut.

Ruhig bleiben, Nico. Es ist wieder Luca, er will dich provozieren.

Nico blickt Luca lächelnd an.

«Was ist los?», fragt Luca unsicher. «Ich war das nicht.»

«Der Kindergarten ist zwei Häuser weiter, Luca.»

Vereinzeltes Kichern.

Es ist total unprofessionell, auf eine Provokation ebenfalls mit einer Provokation zu reagieren. Das schaukelt den Konflikt nur unnötig hoch und gibt dem Störenfried die gewünschte Plattform. Zudem steht so die Störung im Vordergrund, was eigentlich nicht sein soll. Viel eher sollte ich gemäß dem Low-Profile-Ansatz von Borich die Störung klein halten, sie möglichst präventiv zu verhindern versuchen oder zumindest so niederschwellig behandeln, dass nicht alle anderen gestört werden. Das habe ich nun allerdings verpasst. Ich versuche etwas anderes.

«Nun mal ehrlich», Nico schüttelt mit gespielter Enttäuschung den Kopf und blickt in die Klasse, «sind wir heute besonders lustig drauf? Macht es euch solchen Spaß, wenn jemand wie eine Ente schnattert?»

Verstohlenes Grinsen.

«Na gut, dann bitte alle mal schnattern.»

Ungläubige Blicke.

«Ich meine es ernst. Los, schnattert! Alle!»

Sättigung nennt sich das Prinzip. Das wird in meinem Lehrbuch zwar eher nicht empfohlen.

Die Klasse schnattert und grölt.

Nun verstehe ich auch, warum. Wenn bloß der Schulleiter nicht plötzlich hereinkommt! Im besten Fall legt sich ja der Tumult wieder, weil es der Klasse zu blöd wird. Das kann ich nun aber nicht bei jedem unerwünschten Verhalten anwenden, sonst drehe ich durch. Und was ist, wenn sich das Verhalten nicht «sättigt»?

Überrascht stellt Nico fest, dass der Lärm nach zwei Minuten tatsächlich verebbt. Er atmet tief durch. So schnell wird er diese Methode dennoch nicht wieder einsetzen. Nico verteilt ein Arbeitsblatt. Die Schüle-

Störung
Low-Profile-Ansatz
Sättigung

rinnen und Schüler sollen nun in Einzelarbeit Nomen und Pronomen bestimmen. Er setzt sich hin und beobachtet die Klasse.

Kounin! Jetzt weiß ich es wieder. Der Klassiker, wenn es um classroom management *geht. Er spricht davon, dass die Gestaltung des Unterrichts wesentlich dazu beiträgt, Störungen zu vermeiden.*

Nico kneift die Augen zusammen und denkt scharf nach.

Unter dem Oberbegriff «momentum» sind die Begriffe «Zügigkeit», «Reibungslosigkeit» und «Schwung» aufgeführt. Es geht um eine gute Planung, die sowohl Hektik als auch Langeweile im Unterricht vermeidet. Das hat schon was!

Mit Unbehagen denkt Nico an die Zeit vor den Herbstferien. Wie oft hatte er seinen Unterricht unterbrochen, um die Klasse zurechtzuweisen.

Dabei sollte doch der Unterrichtsfluss oberste Priorität haben. Störungen gilt es durch withitness *– also Allgegenwärtigkeit – vorzubeugen, sagt Kounin. Alle Schülerinnen und Schüler sollen merken, dass ich sie im Blick habe, dass meine Augen und Ohren überall sind.*

Demonstrativ steht Nico auf und geht durch die Reihen. Alles ruhig.

Und wenn es dann doch zu Störungen kommt, soll durch das Prinzip des overlapping *ganz nebenbei – quasi überlappend – reagiert werden, damit der Unterrichtsfluss möglichst nicht unterbrochen wird. Das ist dann auch mit* smoothness *– Geschmeidigkeit – gemeint. Ein Unterricht ohne sachlogische Brüche und mit jederzeit aktiven Lernenden.*

Die Klasse scheint konzentriert zu arbeiten. Alle Augenpaare sind auf die Arbeitsblätter gerichtet. Nico nimmt eifriges Unterstreichen wahr.

Der group focus *– die Gruppenaktivierung – verweist darauf, dass nicht nur jemand, sondern alle beschäftigt sein sollen.*

Ein weiteres Stichwort aus Kounins Buch fällt Nico ein.

Vermeiden von vorgetäuschter Teilnahme – avoiding mock participation.

smoothness
group focus
avoiding mock participation

classroom management
momentum
withitness
overlapping

Mal schauen, ob nicht jemand nur so tut, als würde er arbeiten. Beschäftigt wirken, die Stirn betont in Falten legen oder zustimmend mit dem Kopf nicken, um Verstehen zu signalisieren ... – das können sie alle gut. Jetzt sieht es aber wirklich so aus, als wären sie gut herausgefordert und mit der Aufgabe voll beschäftigt.

Die Hälfte der Lektion ist vorüber, es wird Zeit für den nächsten Auftrag.

Aufpassen! Managing transition *– also der Umgang mit Übergängen – ist zentral. Wenn ich jetzt unterbreche, nehme ich der Stunde den Schwung. Endlich arbeiten alle. Die geplante Überleitung zur nächsten Phase – das gemeinsame Korrigieren des Arbeitsblattes – wäre jetzt eventuell ein Bruch. Ich mache das anders.*

Da Nico bisher mit der Klasse kein Ritual, also etwa kein akustisches Signal oder eine bestimmte Geste für das Herstellen von Aufmerksamkeit vereinbart hat, schreibt er zunächst einfach mal den nächsten Auftrag an die Wandtafel. Zwei Schülerinnen heben beim Schreibgeräusch kurz den Blick, sonst lässt sich niemand davon ablenken.

Vielleicht sollte ich mir eine Tischglocke anschaffen, wie an einer Rezeption. Das Klingeln hieße, dass eine Arbeitsphase abgeschlossen ist und eine neue beginnt. Ziel wäre, dass alle ruhig nach vorne schauen und ich möglichst zügig für eine Überleitung zu einer Anschlussaktivität sorgen kann.

Nur wenige haben den neuen Auftrag an der Wandtafel gelesen und sich darangemacht, die Theorie über Pronomen im Buch zu studieren.

Mal schauen, ob der Lichttrick funktioniert, den mein Lehrerkollege anwendet.

Nico löscht das Licht, um es gleich wieder anzuknipsen. Als alle verwundert aufblicken, zeigt er wortlos an die Wandtafel. Die meisten nicken. Ohne große Unruhe gehen sie dazu über, den Theorietext zu lesen.

Nun werden einige diesen Leseauftrag aber deutlich vor den anderen

managing transition
Aufmerksamkeit

abschließen. Und ich habe vergessen zu sagen, wie es weitergeht. Ein Anfängerfehler.

Eine Situation aus seiner Ausbildung kommt Nico in den Sinn. Er unterrichtete damals zum ersten Mal Sport und begann die Lektion mit dem Auftrag, einen Fitnessparcours aufzustellen. Alles war gut durchdacht. Wer mit wem wie wo und sogar warum, war allen klar. Nur «was dann?» nicht – und das führte zum Chaos. Als alles aufgestellt war, kehrte nämlich niemand zum Mittelkreis der Turnhalle zurück. Manche kickten einen Ball quer durch die Halle, andere lümmelten auf der dicken Matte herum, und zwei Jungs sprangen wie Affen – zumindest was die Geräusche anging – durch den Geräteraum.

Nico räuspert sich. «Hört kurz zu, bitte. Wer mit Lesen fertig ist, schreibt seinen Namen an die Tafel. Sobald drei Namen dastehen, ist das eine Gruppe. Die dritte Person, die nach vorne geht, löscht alle Namen, sodass sich wieder drei neue als Gruppe formieren können, und so weiter. Die so gebildeten Gruppen bekommen von mir eine Pronomenart inklusive schriftlichen Auftrags zugewiesen. Alles klar?» Es gibt keine Fragen. *Lerntempoduett nennt sich das. Gut, dass mir das eingefallen ist – ein probates Mittel, wenn diejenigen mit gleichem Lerntempo unter sich einen Partner finden oder eben auch eine Gruppe bilden sollen.*

Die Gruppenbildung verläuft zügig, und die Klasse arbeitet einigerma-

Lerntempoduett

ßen konzentriert bis zur Pause. Als der Schulhausgong ertönt, reagieren die Schülerinnen und Schüler sofort. Sie legen die Stifte zur Seite, schieben ihre Stühle von den Tischen weg, stehen auf und beginnen, laut miteinander zu sprechen.

Hier ist die Reiz-Reaktions-Kette offenbar gefestigter als am Stundenbeginn. Kein Wunder, wenn eine längere Pause als positiver Verstärker wirkt. Mal schauen, ob der Gong auch nach der Pause eine unmittelbare Wirkung hat.

Überraschenderweise sind alle bereits am Platz, als das Zeichen zur nächsten Stunde ertönt.

Es braucht eine Belohnung! Bei Skinners Rattenversuchen würde nun Futter ausgeschüttet, damit die Tiere das gewünschte Verhalten immer wieder zeigen. Wie kann ich diese Erkenntnisse des operanten Konditionierens hier nun nützen?

«Das habt ihr nun aber wirklich toll gemacht. Kompliment. Genau so habe ich mir das vorgestellt. Zur Belohnung, dass wir pünktlich beginnen können, machen wir in der nächsten Deutschstunde zu Beginn dann ein kleines Spiel.» Nico weiß, worauf die Klasse anspricht, und ist sich sicher, eine attraktive Belohnung für das erwünschte Verhalten gefunden zu haben.

Eine in Aussicht gestellte Belohnung ist nun zwar nicht positive Verstärkung in Reinform. Für eine solche müsste man, ganz ohne etwas zu sagen, einfach eine Verstärkung folgen lassen. Rattenfutter eben oder in der Seehunddressur einen Fisch – in der Schule wohl eher ein Lächeln, ein Lob, ein hochgestreckter Daumen oder eine andere unmittelbare Verstärkung auf die gewünschte Reaktion.

In der zweiten Lektion steht ein Einzelauftrag an, dem eine längere Erklärung vorangeht. Nico hat sie sich genau notiert und ist sich sicher,

Reiz-Reaktions-Kette
Belohnung
Skinners Rattenversuche
operantes Konditionieren
positive Verstärkung

nichts vergessen zu haben, als er mit den Worten «Sind noch Fragen?» schließt. Es meldet sich niemand, aber keine zwanzig Sekunden später, fragt Luca laut:

«Was muss ich machen?»

«Ich habe es soeben erklärt. Hast du nicht zugehört?» Nico ärgert sich hörbar.

«Doch, aber ich verstehe es nicht.»

«Und warum hast du nicht gefragt, als ich mit dem Erklären des Auftrags fertig war?» Luca zuckt nur mit den Schultern. In der Zwischenzeit haben sich einige den beiden zugewandt, um dem kleinen Wortgefecht zu folgen.

Er braucht wieder seine Aufmerksamkeit. Durch sein lautes Dreinschwatzen erreicht er sie auch. Wenn ich dem stattgebe, verstärke ich sein störendes Verhalten, und er sucht sich meine ungeteilte Aufmerksamkeit auch künftig auf diesem Weg.

Nico setzt sich zu Luca und erklärt ihm im Flüsterton die Aufgabe ein zweites Mal. Der Junge beginnt ruhig zu arbeiten.

Luca schafft es, durch sein Verhalten den Unterrichtsfluss zu stören. Einzelbetreuung wirkt als positiver Verstärker. Das will ich genau nicht, ich muss es ändern. Er soll die Aufmerksamkeit anders bekommen.

Zurück am Pult, nimmt Nico sein Lehrbuch der Pädagogischen Psychologie hervor und blättert im Kapitel «Behaviorismus», bis er bei der Überschrift «Verhaltensänderung» hängen bleibt. Weiter unten im Text zieht ihn der Begriff «Extinktion» an.

Kann man ein unerwünschtes Verhalten wirklich löschen? Ja, aber nur, wenn die positive Verstärkung konsequent ausbleibt, keine Abweichung ist tolerierbar. Wenn eine Ratte im Versuch für ein bestimmtes Verhalten nie

Behaviorismus
Verhaltensänderung
Extinktion

mehr Futter erhält, wird sie das Verhalten mit der Zeit nicht mehr zeigen. Aber geht das hier? Ist es denkbar, dass Luca bei seinem Dreinschwatzen und lauten Nachfragen tatsächlich nie mehr Aufmerksamkeit erhält? Und kann man überhaupt so direkt vom Tier auf den Menschen schließen?

Nachdenklich betrachtet er Luca, dessen Konzentration schon wieder nachzulassen scheint. Jedenfalls sind seine Augen immer seltener auf das Arbeitsblatt und immer häufiger auf die Banknachbarn gerichtet, als würde er prüfen, ob er sie irgendwie ablenken kann.

Können die anderen ihn komplett ignorieren, sich also nicht stören lassen, sodass es sich für ihn gar nicht mehr lohnt, dies zu versuchen? Wohl eher nicht, denn schon eine einzige Verstärkung würde den ganzen Prozess wieder bei null beginnen lassen – nach dem Glücksspielautomaten-Phänomen, das den Süchtigen umso häufiger spielen lässt, je länger sein letzter Gewinn zurückliegt, weil er erfahrungsgemäß unregelmäßig und plötzlich Erfolg hat. So wird sein Verhalten, statt gelöscht, weiter positiv verstärkt und sogar gefestigt.

Ein Blick in die Klasse genügt, um zu wissen, dass die Methode der Löschung auf keinen Fall funktionieren wird. Zu viele finden Luca cool und warten nur darauf, bis er sich wieder in Szene setzt und sie zum Lachen bringt oder unterhält. Etwas vielversprechender hört sich die Methode des *shaping* an, die Nico beschrieben findet.

Die sukzessive Annäherung, also das schrittweise positive Verstärken, wenn Luca nur schon Teile der gewünschten Verhaltensweise zeigt, klingt gut. Ich mache mit ihm aus, was ich von ihm möchte, und lasse ihn dann zum Beispiel nach der Lektion wissen, ob ich zufrieden bin. Ein erster Schritt wäre, dass er die Hand aufhält und nicht mehr einfach dazwischenruft.

Nico beobachtet, wie Luca seinen Banknachbar unter dem Tisch mit dem Bleistift in den Oberschenkel piekst.

Ich sage jetzt nichts. Sonst erhält er schon wieder die Aufmerksamkeit

Glücksspielautomaten-Phänomen
Löschung
shaping
sukzessive Annäherung

der ganzen Klasse. Ich sollte mit ihm allein sprechen und ihm auf korrektes Verhalten eine Art Belohnung in Aussicht stellen. Wenn wir uns auf eine mündliche oder schriftliche Abmachung einigen, wäre das ein sogenannter Kontingenzvertrag. Gut ist bestimmt auch, die Eltern einzubeziehen und mit einer Form von Feedback – zum Beispiel mit Strichen oder Smileys – die Fortschritte festzuhalten.

Nico schüttelt den Kopf. Das ist zu umständlich. Er verwirft die Methode des *shaping* und des individuellen Kontingenzvertrages genauso wie jene der Gruppenkonsequenz, also für Lucas Verhalten alle anderen mitzubestrafen. Dass mittels Gruppendruck ein erwünschtes Verhalten herbeigeführt wird, findet er genauso ungerecht wie alle Formen von Privilegienentzug. Was soll es schon bringen, wenn Luca beispielsweise im Sportunterricht kein Spiel mehr wünschen darf, nur weil er nach der Auftragserteilung Aufmerksamkeit sucht? Auch die soziale Isolierung, also das Hinausschicken des Schülers, scheint ihm in diesem Fall wenig zielführend, da – ganz im Widerspruch zum Low-Profile-Ansatz – so immer wieder große Aufregung herrschen wird und der Schüler durch die Bühne, die er bekommt, genau das eigentlich unerwünschte Verhalten zeigen kann. Nicht zuletzt wird auch die Beziehung zu Luca leiden – ganz zu schweigen von der Qualität seiner Arbeit, die ja dann auf dem Schulhauskorridor absolviert wird.

Nein, es braucht ja eigentlich nur irgendein Kennzeichen, damit Luca merkt, dass ein Auftrag folgt und er aufmerksam sein soll. In meinem Buch nennen sie das einen antezedenten Hinweisreiz. Was könnte das sein? Vielleicht reicht es, wenn ich zum Erteilen des Auftrages zum Pult von Luca gehe und ihm die Hand auf die Schulter lege. Nein! Berühren ist heikel. Ich muss seine Aufmerksamkeit anders erlangen. Ich nenne seinen Namen und suche seinen Blickkontakt. Oder ich lasse einen akustischen Hinweisreiz

Kontingenzvertrag
Gruppenkonsequenz
Gruppendruck
Privilegienentzug
soziale Isolierung
Low-Profile-Ansatz
antezedenter Hinweisreiz
funktionale Verhaltensanalyse

erklingen. Nach der funktionalen Verhaltensanalyse ginge es ja um die Unterstützung positiven Verhaltens durch eine positive Ersatzhandlung, die denselben Zweck hat. Wie könnte Luca also Aufmerksamkeit bekommen, ohne jemanden zu stören und den Auftrag nicht mitzukriegen? Was wäre, wenn er jeweils den schriftlich notierten Auftrag vorlesen würde? So hätte er die gewünschte Aufmerksamkeit, weil ihm alle zuhören, und er würde sich dennoch ganz dem Auftrag widmen. Ich probiere das mal aus.

Die Lektion ist schon fast zu Ende. Nico unterbricht die Einzelarbeit.

«Ihr habt gut gearbeitet heute.»

Positive Verstärkung.

«Bitte räumt eure Plätze auf, stellt die Stühle auf die Tische und wartet, bis alle fertig sind.» Nico stellt sich breitbeinig vor die Klasse und verschränkt die Arme. Von Zeit zu Zeit blickt er demonstrativ auf die Uhr, was aber die wenigsten interessiert. Erst als der Pausengong ertönt, kommt Bewegung in die Klasse. Bereits stehen die Ersten vor Nico, um sich zu verabschieden.

«Stopp. Wir gehen erst, wenn alle fertig sind.» Nico beschließt, konsequent zu bleiben.

«Das ist ungerecht, ich habe bereits aufgeräumt», meint Anja.

«Egal, es ist erst Pause, wenn alles aufgeräumt ist. Wir helfen einander.»

Negative Verstärkung! Ich setze den negativen Reiz – die Schülerinnen und Schüler müssen im Klassenzimmer bleiben – und lasse sie erst nach dem Zeigen des erwünschten Verhaltens – nämlich dem vollständigen Aufräumen – in die Pause gehen. Das ist im Prinzip analog zu Skinners Rattenversuchen mit den unter Strom gesetzten Stäben auf dem Käfigboden. Erst wenn die Ratte den richtigen Hebel drückt, verschwindet der negative Reiz des Stromstoßes wieder. So zeigt die Ratte das erwünschte Verhalten sogar schneller als durch positive Verstärkung.

positive Verstärkung
negative Verstärkung
negativer Reiz
Skinners Rattenversuche

Die Maßnahme, auf stur zu schalten und niemanden gehen zu lassen, zeigt Wirkung. Manche schimpfen zwar, legen sich aber ins Zeug, um ihrer misslichen Lage möglichst schnell zu entrinnen. Als Nico wenig später die letzten Schülerinnen und Schüler verabschiedet, hört er Anja im Vorbeigehen sagen: «So fies, warum bestraft er alle, wenn nur einige langsam oder faul sind?»

Gute Frage. Eine Kollektivstrafe war keineswegs, was ich beabsichtigte. Was ist eigentlich der Unterschied zwischen negativer Verstärkung und Strafe?

Nico versucht, sich zu erinnern, aber es hilft nichts. Er muss nachschlagen, bevor er in die verdiente große Pause geht.

Hier ist es. Jetzt weiß ich es wieder. Eine Strafe folgt einem Verhalten. Die Strafe kann durch korrektes Verhalten also nicht mehr abgewendet werden. Bei negativer Verstärkung schafft man dagegen eine unangenehme Situation, aus der man sich durch das erwünschte Verhalten befreien kann. Ich finde, das ist deutlich fairer als eine Strafe. Nun muss ich nur noch dafür sorgen, dass es das nächste Mal die Richtigen trifft.

Mit dem Kopf voller Gedanken über Klassenführung, Regeln, Strafen und Belohnungen betritt Nico das Lehrerzimmer. Hier setzt sich Thomas wieder einmal in Szene. Als sich Nico zu der kleinen Gruppe rund um den älteren Lehrerkollegen gesellt, brüstet dieser sich gerade damit, dass seine Klasse bei ihm super funktioniere, wie er es nennt.

Mir passt schon der Begriff «funktionieren» im Zusammenhang mit Menschen nicht.

«Wie machst du es denn, Thomas?», will Franziska wissen, die sich offenbar vorher über seine Klasse beklagt hat.

«Ich habe da so ein System», sagt Thomas und macht eine Kunstpause, wie wenn es gleich den heiligen Gral zu entdecken gäbe.

Bin ja mal gespannt, was das sein soll.

«Ich gebe Plus- und Minuspunkte für alles Mögliche und führe genau Buch. Wer pünktlich am Platz sitzt, wer alles bereit hat, wer ruhig arbeitet und so weiter, erhält Pluspunkte, und wer stört, die Hausaufgaben vergisst oder so, erhält Minuspunkte.» Thomas lächelt triumphierend und erntet einzelne anerkennende Blicke und Kommentare für den Aufwand, den er betreibe und sich dabei nicht scheue, auch Unangenehmes zu sanktionieren.

Das ist einfach eine ganz banale Form von Münzwirtschaft. Das taugt vielleicht kurzfristig als Mittel zur Motivation, aber langfristig ist das Resultat wohl eher, dass die meisten keinen Finger mehr rühren, wenn sie nicht belohnt werden. Oder sie beginnen, alles zu tun, um nicht bei einem Fehlverhalten erwischt zu werden und Minuspunkte zu erhalten. Erziehung zur Selbstständigkeit stelle ich mir anders vor.

«Na, Nico?», Thomas klopft dem jungen Lehrerkollegen selbstgefällig auf den Rücken. «Und was machst du, damit dir die lieben Schülerlein nicht auf der Nase herumtanzen?»

Dir zeige ich es, du Angeber.

«Ich arbeite nicht mit Verstärkungsplänen. Und wenn, dann würde ich nicht auf kontinuierliche Verstärkungen setzen, da erwiesen ist, dass intermittierende Verstärkungen, also Quotenverstärkungen oder Intervallverstärkungen, ein Verhalten dauerhafter hervorrufen.»

Münzwirtschaft
Verstärkungsplan
kontinuierliche Verstärkung
intermittierende Verstärkung
Quotenverstärkung
Intervallverstärkung

Gemeint ist ja einfach, dass sich immer gleiche Verstärkungen wie die Punkte mit der Zeit abnutzen und es mehr bringt, wenn nach unterschiedlicher Anzahl richtiger Verhaltensweisen oder mit verschiedenen zeitlichen Abständen verstärkt, also zum Beispiel gelobt wird. Aber schau dir sein Gesicht an. Der versteht nur Bahnhof.

«Solch ein Zeug lernt man heute wohl in der Lehrerbildung.» Thomas schüttelt nachsichtig den Kopf. «Du wirst schon noch sehen, dass du die Theorie hier vergessen kannst, denn wir sind ja schließlich in der Praxis.» Rundum Gelächter, nur die junge Sportlehrerin schaut Nico interessiert an.

Warte nur. Ich habe noch mehr auf Lager.

«Die Münzwirtschaft, wie du sie betreibst, wird die intrinsische Motivation, sich anständig und korrekt zu verhalten, eher senken, da vollständig auf extrinsische Motivation gesetzt wird. Ein solcher Verstärkungsplan fördert weniger eine Lernziel- als vielmehr eine Performanzorientierung. Es geht hauptsächlich darum, gut dazustehen, und nicht um das aus Einsicht und Überzeugung selbst verfolgte Lernziel, sich an die vereinbarten Regeln zu halten. Ich setze mehr auf Partizipation, Selbstreflexion und gemeinsamen Austausch.»

Da habe ich wohl etwas zu dick aufgetragen. Richtig ist das vielleicht schon, aber ich mache das ja gar nicht alles.

«Habt ihr das gehört?» Thomas will sich nicht geschlagen geben. «Unser Junglehrer hat noch Visionen – da haben sie dir an der PH aber schöne Flausen in den Kopf gesetzt.» Alle außer Franziska lachen wieder. «Nun, ich will dir und der Kuschelpädagogik die Utopie von wegen Mitbestimmung und Selbstbestimmung nicht nehmen. Wir reden in einem Jahr wieder darüber.» Er legt Nico zum Abschied versöhnlich die Hand auf die Schulter und steht auf, um seine Kaffeetasse auszuspülen.

intrinsische Motivation
extrinsische Motivation
Performanzorientierung

Partizipation
Selbstreflexion
Mitbestimmung
Selbstbestimmung

WISSENSERWERB

«Warum wissen sie nichts mehr?»

Nico bleibt noch einen Moment im Lehrerzimmer sitzen. Er hat eine Zwischenstunde, bevor als letzte Lektion des Morgens eine Geschichtsstunde mit einer Klasse mit tieferem Leistungsniveau auf dem Programm steht. Interessanterweise machte ihm da bisher nicht die Klassenführung zu schaffen – das ging recht gut –, sondern die Tatsache, in jeder Lektion wieder nahezu bei null beginnen zu müssen.

Bestimmt wissen sie nichts mehr über die Industrialisierung. Zugegeben, mein Input dazu war vor den Ferien. Aber sie können nie wiedergeben, was ich ihnen in der letzten Stunde beigebracht habe. Warum eigentlich nicht?

Nico denkt an das Kapitel «Wissenserwerb» in seinem Lehrbuch. Es beginnt mit einem älteren Informationsverarbeitungsmodell von Atkinson und Shiffrin, dem sogenannten Drei-Speicher-Modell, das im Wesentlichen auf Input, Speicherung und Output fokussiert, wobei die Speicherung vom sensorischen Gedächtnis über das Kurzzeitgedächtnis zum Langzeitgedächtnis erfolgt.

Ich weiß, dass dieses Modell zu kurz greift. Aber es entspricht wohl ziemlich genau dem, was ich mir wünsche: Input, Speicherung, Output. Warum geht das nicht so einfach?

Er erinnert sich an einen Kritikpunkt. Es geht um den Begriff «Kurzzeitgedächtnis», der in den meisten neuen Modellen durch «Arbeitsgedächtnis» ersetzt oder ergänzt wurde, da beim Speicherprozess im Gedächtnis weniger auf die Dauer als vielmehr auf die Aktivität hingewiesen werden sollte.

Ist es das, was fehlt? Die Arbeit im Gedächtnis? Gehe ich zu sehr davon aus, dass einmal Gesagtes seinen Weg ins Langzeitgedächtnis von selbst findet?

Nico reibt sich die Schläfen. Wie ist es bei ihm selbst, wenn er etwas lernt? Wie war es im Studium? Oft verstand er den Stoff erst wirklich, wenn er für Prüfungen lernte. Weshalb eigentlich? War es wegen des Druckes, die Prüfung bestehen zu müssen?

Wissenserwerb
Informationsverarbeitungsmodell
Drei-Speicher-Modell
Input, Speicherung und Output

sensorisches Gedächtnis
Kurzzeitgedächtnis
Langzeitgedächtnis
Arbeitsgedächtnis

Ja, das mag ein Aspekt gewesen sein. Aber eigentlich war es vor allem, weil ich mir die Mühe machte, mit dem Gelesenen etwas Konkretes zu tun, zum Beispiel einem Kollegen zu erklären, was ich verstand, oder für mich eine Mindmap zu zeichnen.

Nico schreibt das Wort «Mindmap» in sein Vorbereitungsbuch. Vielleicht sollte er es damit mal versuchen.

Kann es so einfach sein, dass durch das Erstellen einer Mindmap zu einem eingeführten Begriff bei meiner Klasse mehr hängenbleibt? Wenn jede Schülerin und jeder Schüler das Wissen – oder sagen wir, was verstanden wurde – selbst festhalten muss, zwinge ich sie zur aktiven Mitarbeit, zur Verarbeitung im Gedächtnis. Das heißt aber auch, dass ich mich lösen muss vom behavioristischen Modell des Inputs und des Outputs.

Er erinnert sich daran, dass ein konstruktivistisches Lernverständnis davon ausgeht, dass Wissenskonstruktion individuell geschieht und ein Begriffsnetz folglich bei jedem Menschen anders aussieht.

Deshalb ist das Vorwissen so wichtig. Weil das neue Wissen auf dem bestehenden Wissen, dem bestehenden Schema aufgebaut wird.

Das Bild eines Fischernetzes fällt Nico ein. Es wurde in einer Vorlesung mal verwendet.

Je engmaschiger ein Netz ist, desto mehr bleibt hängen. Je mehr Vorwissen vorhanden ist, desto mehr neues Wissen kann aufgenommen werden.

Nico erinnert sich schwach an den Fachbegriff für dieses Phänomen.

«Der Matthäus-Effekt», sagt er leise vor sich hin.

«Bereitest du eine Lektion in ‹Religion und Kultur› vor, Nico?», fragt Thomas amüsiert. Er ist ins Lehrerzimmer gekommen, um ein Arbeitsblatt zu kopieren. «Oder gräbst du in der Fußballgeschichte?»

Doofmann!

Nico beschließt, sachlich zu bleiben: «Ich versuche mir gerade zu

Mindmap
Konstruktivismus
Begriffsnetz

Vorwissen
Schema
Matthäus-Effekt

erklären, weshalb meine Schülerinnen und Schüler manchmal so gar nichts von dem behalten können, was wir behandeln. Schon in der nächsten Stunde ist wieder alles weg.»

«Und da hilft dir Lothar Matthäus dabei?» Thomas grinst.

Sehr witzig!

«Der ‹Matthäus-Effekt› heißt so, weil sinngemäß aus dem Matthäusevangelium der berühmte Satz ‹Wer hat, dem wird gegeben› stammt. In der Lerntheorie versteht man es so, dass diejenigen, die bereits viel wissen, leichter zu noch mehr Wissen kommen.»

«Mann, kannst du gescheit daherreden! Meine Erfahrung sagt mir allerdings, dass es hier keine Bibelzitate braucht, um das zu erklären. Schwache Schüler sind einfach weniger aufnahmefähig und vergessen zudem auch leichter. Außerdem sind sie an Schulstoff weniger interessiert. Es liegt also an der Intelligenz und an der Motivation, wenn die morgen nicht mehr viel vom heutigen Schulstoff wissen.»

«Das mag sicher auch eine Rolle spielen, ist mir aber zu einfach. Ich habe deshalb gerade versucht, mein Verständnis von Wissensspeicherung kritisch zu reflektieren.»

«Mach das!» Thomas lächelt nachsichtig. «Ich kopiere mal mein Arbeitsblatt. Vom Reflektieren allein ist noch kein Unterricht entstanden.»

Thomas ist einfach unerträglich, aber er hat recht. Ich sollte mich auch daran machen, etwas für die nächste Stunde zu produzieren.

Nico konzentriert sich auf sein Vorbereitungsbuch, die Gedanken zu sogenannt «guten» und «schwachen» Schülerinnen und Schülern lassen ihn aber nicht los.

Schon ungerecht, dass einige wegen des fehlenden Vorwissens einfach weniger Wissen aufnehmen können. So geht die Schere ja immer weiter auf. Was aber heißt das für die Schule? – Dass es auch im Hinblick auf die

Chancengerechtigkeit darum gehen muss, bestehende Schemata zu festigen und dichter zu knüpfen, damit alle möglichst gut lernen können. Und in Bezug auf Unterricht bedeutet das dann «Individualisierung» und «Binnendifferenzierung», damit individuelle Schemata weiterkonstruiert werden können.

Thomas kommt vom Kopiergerät zurück. Unter dem Arm trägt er einen Stapel Blätter.

«Was hältst du von Binnendifferenzierung, Thomas?»

«Was soll ich schon davon halten. Das wäre sicher gut, aber dafür reicht meine Zeit nicht. Schau hier. Das sind drei Arbeitsblätter. Die Schnellen lösen alle drei, die Langsamen mindestens eins. So kann jeder in seinem Tempo arbeiten, und am Schluss sind wir wieder gleich weit.»

Das ist aber nur eine quantitative Differenzierung und keine qualitative. Wenn wenigstens eines der Arbeitsblätter etwas schwieriger wäre und die Stärkeren mehr gefordert würden. Es ginge ja darum, die Zone der proximalen Entwicklung – wie Wygotski das nennt – individuell festzulegen, damit die Lernenden mithilfe von scaffolds *ihr Wissen und Können erweitern. «Fordern, ohne zu überfordern», könnte man das auch nennen. Aber Unterforderung darf eben auch nicht sein, was bei Thomas' Unterricht vermutlich vorkommt.*

Nico mag seinem Lehrerkollegen nicht widersprechen. Bislang hat er auch oft in den Chor derer eingestimmt, die über Individualisierung oder Binnendifferenzierung wettern, weil die Umsetzung halt schwierig sei.

Chancengerechtigkeit
Individualisierung
Binnendifferenzierung
quantitative Differenzierung
qualitative Differenzierung
Zone der proximalen Entwicklung
scaffolds

Vor den Ferien sagte ich ja selbst noch, es sei mir vorläufig schon genug Arbeit, gute Lektionen für die Klasse vorzubereiten, und ich könne die Unterrichtsinhalte dann im nächsten Klassenzug noch vermehrt individualisieren.

Thomas' Antwort hat aber etwas ausgelöst, wie Nico feststellt.

Es stört mich, dass in meinen Klassen sehr oft alle zur gleichen Zeit dieselben Inhalte bearbeiten. Wenn ich das konstruktivistische Lernverständnis ernst nehmen will, muss ich etwas ändern. Vielleicht wird so ja auch bei den Schwächeren mehr Wissen hängenbleiben.

Betont freundlich wünscht Nico seinem Kollegen eine gute letzte Vormittagsstunde, packt seine Sachen und geht ins Klassenzimmer.

Zwanzig Minuten später schaut Nico in vierzehn auf ihn gerichtete Augenpaare. Er räuspert sich.

«Wovon haben wir in der letzten Geschichtsstunde gesprochen?»

Keine Wortmeldung.

Warum sagen sie nichts? Sind sie zu faul dazu, oder haben sie schon wieder alles vergessen? Ich wollte doch nur kurz ein paar Begriffe repetieren, bevor sie dann die Mindmap zeichnen sollen.

«Wer weiß noch etwas? Was ist unser Thema in Geschichte?»

Eine Schülerin hebt die Hand.

«Ja, bitte!»

«Industrialisierung.»

«Sehr gut.»

Das ist überhaupt nicht sehr gut, Nico. Du hast den Einstieg komplett verhauen. Du hast es geschafft, dass eine Schülerin eine Ein-Wort-Antwort gebracht hat, und bist bereits zufrieden? Na bravo!

«Was ist denn Industrialisierung?», fragt Nico die Schülerin.

Schweigen.

«Alle: Was ist Industrialisierung?»

Anhaltendes Schweigen. Nico sieht ein, dass er so nicht weiterkommt. Er denkt an seinen Mentor, der ihn in der Ausbildung begleitet hat.

Er würde sagen, dass ich eine didaktische Todsünde begangen habe. Ich kann ihn förmlich hören: Steig nie so ein, dass du fragst, was letzte Stunde gewesen sei; spring mitten hinein, bring ein Bild, stell eine provokative Behauptung auf, aktiviere, dann wird automatisch auf Vorwissen zurückgegriffen.

«Nehmt das Geschichtsbuch hervor und öffnet es auf Seite 93.» Nico versucht zu retten, was noch zu retten ist. «Lest nochmals den Text oben links und streicht euch mit dem Leuchtstift fünf Begriffe an, die zum Thema ‹Industrialisierung› passen.»

Ich wäre besser so eingestiegen. Nun haben sie einen konkreten Auftrag und können eventuell vorhandenes Vorwissen abrufen. Und selbst wenn sie sich nicht mehr an die Inhalte der letzten Stunde erinnern, können sie meinen Auftrag erfüllen. So sind alle aktiv, und der Fokus liegt nicht darauf, was Einzelne noch wiedergeben können.

«Tauscht nun zu zweit aus, welche Begriffe ihr angestrichen habt, und diskutiert darüber, ob diese passen!» Nico beobachtet zufrieden, wie die Schülerinnen und Schüler ihre Resultate interessiert vergleichen. Diskutiert wird aber nichts.

Das ist wohl eine Überforderung. Ihnen fehlt das Schema zur Industrialisierung, um zu argumentieren, welche Begriffe passen. Zeit also, die angestrichenen Wörter zu sammeln.

Nico lässt alle Wörter an die Wandtafel schreiben und fragt nach, ob einzelne darunter unklar seien oder nicht passen würden. Dann verteilt er ein Blatt, auf dem in der Mitte groß «Industrialisierung» steht.

«Euer Auftrag ist nun, die Wörter an der Tafel um den Begriff in der Mitte eures Blattes anzuordnen. Ihr macht also eine eigene Mindmap.»

Vorwissen
Schema

Wenig später wird eifrig geschrieben, doch Nico stellt enttäuscht fest, dass fast alle einfach das Wandtafelbild kopieren und keinerlei eigene Ordnung kreieren.

Als reine Abschreibübung bringt das natürlich nichts. Was habe ich falsch gemacht? Ich bin irrtümlicherweise davon ausgegangen, dass sie ein bestehendes Schema von Industrialisierung haben – mit Vorwissen zu je eigenen Schemata wie Fabrikarbeit, Dampfantrieb, Kinderarbeit, Eisenbahnen –, womit sich die Begriffe an der Wandtafel stimmig in die individuelle Vorwissensstruktur hätten integrieren lassen. Piaget hätte in diesem Fall von Assimilation gesprochen. Auch wenn nur einige Begriffe neu gewesen wären und bestehende Schemata hätten angepasst werden müssen – wenn also eine Akkommodation stattgefunden hätte –, wäre der Auftrag noch lösbar gewesen. Es hätte nach einem dosierten Diskrepanzerlebnis wieder ein Gleichgewicht in der Wissensstruktur hergestellt werden können. Äquilibration bei Piaget. So aber ist der Auftrag einfach zu schwierig. Da muss ich mehr Hilfe bieten, Strukturen zum Einordnen der neuen Begriffe.

Widerwillig unterbricht Nico die ruhig und eifrig abschreibenden Schülerinnen und Schüler und sucht mit ihnen zuerst die notwendigen Oberbegriffe.

«Bis zum Ende der Lektion arbeitet ihr bitte ruhig an der Mindmap weiter. Benutzt dazu die Oberbegriffe, die wir soeben zusammen gefunden haben, und ordnet die anderen Begriffe mit Pfeilen zu, indem ihr auf die Pfeillinie schreibt, was die Begriffe miteinander zu tun haben. Ich mache ein Beispiel: ‹Manufaktur› schreiben wir hier unter das Stichwort ‹Fabrikarbeit›, auf den Verbindungspfeil zum Begriff ‹Manufaktur› schreiben wir ‹Frühe Fabrikform›.»

Der konstruktivistische Ansatz in Ehren, aber es braucht halt doch auch sehr viel Vorzeigen und Übung, wie man Wissen selbst konstruiert und darstellt.

Assimilation
Akkommodation
dosiertes Diskrepanzerlebnis
Äquilibration

Paradox, dass nun alle wieder fast dieselbe Mindmap haben, aber bestimmt klappt das beim nächsten Mal schon besser, wenn sie nun das Prinzip des Begriffsnetzes verstanden haben.

«Herr Sommer!» Elena hat die Hand gehoben. «Was heißt Manufaktur schon wieder? Ich kann mir das einfach nicht merken.»

Nico entscheidet, dass seine Erklärung für die ganze Klasse wichtig ist, und bittet um Aufmerksamkeit.

«Schaut mal alle zur Tafel.» Nico unterstreicht das Wort «Manufaktur.»

Die Ausrichtung der Aufmerksamkeit ist schon mal ein wesentlicher Punkt. Das sensorische Register ist so vielen Reizen ausgesetzt, dass nur ein Bruchteil des Wahrgenommenen überhaupt fokussiert werden kann.

«Kennt ihr andere Wörter, die auch den Wortteil ‹Manu-› drin haben?»

Ich sorge dafür, dass nun vom Langzeitgedächtnis her via Arbeitsgedächtnis auf das Wort zugegriffen wird.

«Manuel», ruft Elena, eines der vorlauten Mädchen, und zeigt auf den rot anlaufenden Klassenkameraden in der vordersten Reihe.

«Schreib das mit zwei ‹l›, und du bist schon nahe dran», entgegnet Nico grinsend und nimmt der Provokation elegant ihre Spitze. «Was heißt denn ‹manuell›?»

«Wenn man etwas selbst tut», sagt Tim, der das offenbar nicht zum ersten Mal gehört hat.

«Du bist auf der richtigen Spur. Weitere Wörter mit ‹Manu-›?»

«Manuskript», wirft Elena ein – diesmal ernsthaft.

«Was ist denn das nun wieder?» Nico stellt sich unwissend.

«Das hat was mit Büchern zu tun», weiß Elena. Mehr kommt aber nicht.

«Genau. Wörtlich heißt ‹Manuskript› ‹Handschrift›. Man bezeichnet aber auch handschriftliche Fassungen von Büchern so.»

Wissensspeicherung. Es läuft wie geschmiert. Wir sind schon daran,

Begriffsnetz
Aufmerksamkeit
sensorisches Register
Langzeitgedächtnis
Arbeitsgedächtnis

unser deklaratives Wissen auf den Begriff anzuwenden. Durch die Suche nach ähnlichen Wörtern werden Elaborationsprozesse in Gang gesetzt, die den Begriff «Manufaktur» im Langzeitgedächtnis verankern werden. Zudem wird er mit den Wörtern «Manuskript» und «manuell» vernetzt. Jetzt legen wir noch eine Schippe drauf.

«Nevio, was heißt ‹Hand› auf Italienisch?»

Das Lateinische lasse ich mal lieber. Spanisch oder Italienisch reichen hier auch.

«Mano», sagt Nevio wie aus der Pistole geschossen.

«Aha, da haben wir es also. Der Wortteil ‹man-› hat etwas mit Hand zu tun. Deshalb heißt die Handpflege bei einer Spezialistin, die zum Beispiel auch die Fingernägel schön feilt, ...»

«... Maniküre», beendet Elena den Satz.

«Dann also zurück zur Manufaktur», lenkt Nico die Aufmerksamkeit wieder auf die eigentliche Frage zurück und erklärt, dass der zweite Teil des Wortes von *facere* – «machen» stamme, worauf die Manufaktur von der Klasse als eine Art Handwerker-Fabrik definiert wird.

Ich hoffe, sie vergessen «Manufaktur» nun nicht so schnell wieder.

Während die Klasse sich wieder der Arbeit an der Mindmap zuwendet, erinnert sich Nico an eine Zusammenstellung von Mnemotechniken in seinem Lehrbuch.

Welche davon würde nun meinen Schülerinnen und Schülern helfen, um den Begriff «Manufaktur» speichern und abrufen zu können? Alle eignen sich nicht. Die Loci-Methode, bei der Lerninhalte wie Vokabeln in einer bestimmten Reihenfolge abgerufen werden, indem man sie mit Orten oder Gegenständen entlang eines Weges verknüpft, funktioniert hier wohl nicht. Auch ein Merkspruch mit Anfangsbuchstaben wie «Geh, Du Alter Esel, Hole FISche» für die Tonarten des Quintenzirkels ist hier nicht angebracht.

Wissensspeicherung
deklaratives Wissen
Elaborationsprozesse

Mnemotechnik
Loci-Methode
Merkspruch

Die Schlüsselwort-Methode hingegen ist vielversprechend. Hierbei wird ein bekanntes Wort zum Abrufreiz für ein gesuchtes Wort. Mal schauen, ob das klappt!

Nico weiß, dass er die arbeitende Klasse nicht schon wieder unterbrechen sollte, aber das Schlüsselwort «Manuel» will er noch platzieren.

«Wenn ihr nicht mehr wisst, was Manufaktur heißt, denkt einfach an unseren Manuel, der ja handwerklich sehr talentiert ist. Stellt ihn euch dabei in einer alten Fabrik vor.» Viele lächeln amüsiert und sehen das Bild offenbar lebhaft vor sich.

Habe ich nun etwas viel Zeit für einen einzigen Begriff verschwendet? Nein, wenn etwas verstanden werden soll, braucht es Zeit, Beispiele und eigene Überlegungen dazu. Noch besser wären nun ein paar Übungsbeispiele oder Anwendungen in einer authentischen Handlung. So viel Zeit bleibt halt nicht für jeden einzelnen Begriff.

Nico beschließt, den Erfolg seiner Bemühungen – also den aufwendig elaborierten Begriff «Manufaktur» – in der nächsten Geschichtslektion zu überprüfen, und ist zuversichtlich, dass der Lernerfolg durch die Verknüpfung des neuen Begriffs mit ähnlichen Wörtern und die bewusste Merkhilfe gewiss ist.

Effektiver als Auswendiglernen wäre allerdings eine Verbindung zum eigenen Handeln. Um den Begriff nicht nur im deklarativen Gedächtnis, sondern im episodischen Gedächtnis zu speichern, müsste der Begriffe «Manufaktur» mit einem Erlebnis verbunden werden. So wäre er noch nachhaltiger gespeichert. Was wäre, wenn ich mit der Klasse mal eine solche Manufaktur simulieren würde, indem wir fast wie am Fließband nacheinander handwerkliche Arbeiten erledigen, um zusammen ein Endprodukt zu erhalten? Zum Beispiel als Klasse Papierflieger falten, und dabei führt jeder immer nur einen Arbeitsschritt aus …

«Herr Sommer, haben Sie die Pausenglocke nicht gehört?»

Schlüsselwort-Methode
Abrufreiz
Verknüpfung
Merkhilfe

Auswendiglernen
deklaratives Gedächtnis
episodisches Gedächtnis

«Äh ... nein, danke, Melanie.» Nico wendet sich der Klasse zu. «Keine Aufgaben. Wir machen in der nächsten Lektion mit der Mindmap weiter. Guten Appetit und auf Wiedersehen.»

Als Nico das Schulhaus verlässt, ist er in Gedanken noch immer bei der vergangenen Stunde.

Ist es mir gelungen, alle kognitiv zu aktivieren? Behalten sie vom Stoff nun mehr als sonst, weil ich die Wissenskonstruktion aktiver und bewusster gestaltet habe? Ich konnte wohl zumindest dafür sorgen, dass im Arbeitsgedächtnis auf vielfältige Weise Elaborationsprozesse in Gang gekommen sind.

Ein Modell des Arbeitsgedächtnisses aus seinem Lehrbuch kommt ihm in den Sinn. Es umfasst mit der zentralen Exekutive quasi eine Leitzentrale, welche die Verteilung der Prioritäten der Arbeitsvorgänge regelt. Dieser zentralen Exekutive sind drei Speichermodule unterstellt: die phonologische Schleife, der räumlich-visuelle Notizblock und der episodische Puffer.

Ich denke, ich habe alle drei angesprochen. Zum einen die phonologische Schleife, die für die aktive Verarbeitung von Lauten und verbalen Informationen zuständig ist, indem wir den Begriff «Manufaktur» oft wiederholt und zudem noch andere Wörter mit «Manu-» gesucht haben. Zum anderen haben wir aber auch durch die Netzdarstellung in der Mindmap visuelle Vorstellungsbilder kreiert, die im räumlich-visuellen Notizblock kurzzeitig gespeichert wurden und so im episodischen Puffer zusammen mit den akustischen Informationen zu speicherbaren Episoden gebündelt wurden. Elaboration ist nun mal kein Selbstläufer.

Nico schaut auf seine Uhr. Er wartet auf die Sportlehrerin, mit der er sich montags jeweils zum Mittagessen trifft.

Wo Franziska nur bleibt? Sonst ist sie immer pünktlich.

kognitive Aktivierung
Wissenskonstruktion
Arbeitsgedächtnis
Elaborationsprozesse

zentrale Exekutive
phonologische Schleife
räumlich-visueller Notizblock
episodischer Puffer
Elaboration

Er kramt sein Smartphone hervor und öffnet die Kontakte. Kein Eintrag für Franziska. Zum Glück hat Nico im Lehrerzimmer die Telefonnummern aller Lehrpersonen fotografiert. Schnell ist ihre Nummer gefunden.

Ich schaffe es doch hoffentlich, mir die ganze Nummer zu merken. Also, dann wollen wir mal: 0799652413.

Nico merkt sich die einzelnen Ziffern, wechselt von der Foto-App zurück zur Telefon-App und beginnt mit dem Eintippen. Bei der siebten Ziffer wird er unsicher.

Da habe ich es! Ich bin kein bisschen schlauer als die Schülerinnen und Schüler, die ich immer kritisiere. Ich kann mir nicht einmal eine zehnstellige Nummer merken.

Leicht angesäuert wechselt er zurück zum Foto.

Eigentlich weiß ich ja, dass die Gedächtnisspanne des Arbeitsgedächtnisses beim Menschen bei ungefähr sieben Items liegt. Im Lehrbuch steht, dass man sich fünf bis neun Dinge merken kann. Es ist wie beim Ich-packe-in-meinen-Koffer-Spiel. Auch dort wird es nach ein paar Runden schwierig, sich an die einzelnen genannten Gegenstände und die richtige Reihenfolge zu erinnern. Die Lösung heißt chunking, *also einzuprägende Dinge zu bündeln oder miteinander in Verbindung zu bringen.*

Nico schaut sich die Telefonnummer noch einmal an.

079 ist ja einfach, das ist die verbreitetste Mobilnummervorwahl hier.

Gedächtnisspanne
Arbeitsgedächtnis
chunking

965 muss ich mir einfach merken – da sehe ich keine sinnvolle Eselsbrücke, aber bei 24 und 13 fällt es mir leicht. 24 ist mein Alter, und 13 kann ich mir als Unglückszahl gut einprägen.

Nico wechselt zur Nummerneingabe zurück und tippt die Ziffern dieses Mal problemlos in der richten Folge ein.

Das waren nun halt nur noch 4 chunks *«079», «965», «24» und «13». Zudem wurden zwei davon noch durch eine Merkhilfe elaboriert.*

Gerade als er sein Mobiltelefon ans Ohr hält, tippt ihm jemand auf die Schulter.

«Wartest du schon lange?», fragt ihn Franziska mit einem entschuldigenden Lächeln.

«Nein», lügt er.

«Entschuldige. Ich musste nach der letzten Stunde mit zwei Schülerinnen einen Tanz nochmals üben. Die können ihn sich einfach nicht merken.»

Dieses Thema scheint mich in der Mittagspause weiterzuverfolgen. Sollte ich nun nicht mal mit der Theorie aufhören und mich einfach erholen?

«Du unterrichtest doch auch Sport, Nico?», hört er seine Kollegin fragen. «Hast du eine Idee, wie ich ihnen die Schrittfolge beibringen soll?»

Spiel dich bloß nicht schon wieder als Besserwisser auf, Nico. Du bist Berufseinsteiger.

«Ich kann ja nicht aus Erfahrung sprechen ...»

«... aber?»

«Ich habe mich in den Ferien ein wenig in Lern- und Gedächtnispsychologie vertieft.»

Franziska grinst. «Legst du nun wieder los wie in der Zehn-Uhr-Pause? Ich muss schon sagen: Mich hast du beeindruckt damit.»

Eselsbrücke
chunks
Merkhilfe

Verlegen reibt sich Nico das Kinn. «Nun ja, ich entdecke gerade, dass sich theoretisches Wissen in der Praxis durchaus als nützliche Erklärungshilfe erweisen kann. Oder gar als handlungsleitende Stütze.» Er schaut Franziska unsicher an. «Jetzt denkst du, ich spinne, oder?»

«Im Gegenteil! Sag mir, was du denkst!»

«Hast du mit Musik geübt?»

«Ja, es geht einfacher, finde ich. Wieso fragst du?»

«Weil man dann eventuell mit der *cognitive load theory* argumentieren könnte, dass zum Lernen einfach keine Kapazität mehr bleibt.» Franziskas fragender Blick lässt Nico etwas weiter ausholen: «Die intrinsische kognitive Belastung durch den Stoff, also hier den einzelnen Tanzschritt, ist sowieso schon hoch. Dazu kommen extrinsische kognitive Belastungen. Das können in einem Schulfach die Lehrmittel sein, die nicht für sich selbst sprechen und zusätzliche Aufmerksamkeit absorbieren. In deinem Fall wäre es eventuell die Musik und der Rhythmus, die ebenfalls einen Teil der Gedächtnisleistung fordern. So bleibt für das Wesentliche, nämlich die lernbezogene kognitive Belastung, keine Kapazität mehr.»

Sie sind in der nahe gelegenen Pizzeria angekommen und setzen sich, bevor Franziska den Faden wieder aufnimmt: «Du willst damit sagen, meine Schülerinnen können die Schrittfolge nicht lernen, weil sie sich zu sehr auf die einzelnen Schritte und den Rhythmus konzentrieren müssen, sodass für ein Lernen der Abfolge im Gedächtnis kein Platz mehr ist?»

Der Kellner tritt zum Tisch und notiert sich ihre Bestellung.

«Es ist nur bedingt eine Frage des Speicherplatzes», sagt Nico, während er die Speisekarte zurücklegt. «Wenn du dir deine Schülerinnen wie Computer vorstellst, würde ihnen nicht der Festplattenspeicher, sondern vielmehr der Arbeitsspeicher fehlen.»

«Und was ist die Lösung?», fragt Franziska interessiert.

cognitive load theory
intrinsische kognitive Belastung
extrinsische kognitive Belastung
lernbezogene kognitive Belastung

«Ziel bei Bewegungsabläufen, aber auch bei anderen Handlungen muss stets sein, die bewussten Einzelschritte zu einem automatisierten Ganzen werden zu lassen, damit immer weniger Aufmerksamkeit darauf verwendet werden muss, die Handlung zu steuern. Das heißt, deklaratives Wissen, also zum Beispiel Faktenwissen über die auszuführende Handlung, soll zu prozeduralem Wissen – dem Wissen *wie* – werden, sodass die Handlung, ohne dass man nachdenken müsste, automatisch abläuft. Dazu gehört natürlich auch konditionales Wissen, also Wissen darüber, wann und wozu das deklarative oder prozedurale Wissen eingesetzt wird.»

«Ja, davon habe ich natürlich auch schon gehört in meiner Ausbildung.» Franziska nimmt einen großen Schluck Wasser. «Es ist wie beim Autofahren. Wenn man es kann, denkt man nicht mehr übers Kuppeln, Schalten, Blinken und Bremsen nach, sondern tut es einfach.»

«Während man gleichzeitig noch die Kapazität hat, an etwas anderes zu denken oder eine andere Handlung auszuführen», ergänzt Nico. «Es geht darum, das explizite Gedächtnis zu entlasten, indem eingeübte Handlungen als Fertigkeiten und Gewohnheiten im impliziten Gedächtnis, genauer gesagt im prozeduralen Gedächtnis, gespeichert werden.»

Nico unterbricht seine Ausführungen, um dem Kellner die Pizza abzunehmen und sich darüber herzumachen. Nach ein paar Bissen fährt er fort: «Für deine Schrittfolge heißt das alles, dass zuerst der Grundschritt zu automatisieren ist und das Gedächtnis nicht mit extrinsischen kognitiven Belastungen wie Rhythmus und Musik überladen werden darf – geschweige denn ist bereits an eine komplexe Abfolge verschiedener Schritte zu denken.»

«Warst du eigentlich immer so ein Streber?» Franziska schüttelt amüsiert den Kopf. Nico versteckt sich hinter der Dessertkarte. «Nein, entschuldige. Ich höre jetzt auf.»

deklaratives Wissen
prozedurales Wissen
konditionales Wissen
explizites Gedächtnis

Fertigkeiten
Gewohnheiten
implizites Gedächtnis
prozedurales Gedächtnis

«Schon gut. Irgendwie habe ich das alles auch mal gewusst, aber es ging leider vergessen.»

«Spurenzerfall», murmelt Nico. «Oder Interferenz während des Speicherprozesses.»

«Du kannst es wohl nicht lassen, was?», spottet Franziska. Sie bestellt sich einen Kaffee, Nico entscheidet sich für zwei Kugeln Schokoladeeis. «Weißt du, was mir aus meiner Ausbildung noch an Theorie präsent ist? Dass im Sport auch ganz viele klassische Konditionierungseffekte eine Rolle spielen, die ebenfalls im impliziten Gedächtnis gespeichert sind. Daran arbeite ich oft.»

Verblüfft blickt Nico seine Kollegin an. «Jetzt drehst du den Spieß um.» Er zwinkert ihr zu. «Klär mich auf.»

«Angst – zum Beispiel jene vor dem Ball – lernen Kinder auch ohne Elaboration im Arbeitsgedächtnis. Sie ist weder deklaratives noch prozedurales Wissen, sondern einfach als konditionierte Reaktion im impliziten Gedächtnis vorhanden. Ich brauche jeweils lange, um die automatische Reaktion ‹Ducken›, die das Gedächtnis auf den Reiz ‹anfliegender Ball› aussendet, zu löschen. Oder sagen wir besser: so bewusst zu machen, dass sie sich nur bei Spielen ducken, wo man vor dem Ball fliehen muss, nicht aber bei Ballspielen wie Fußball.»

Nico nickt nachdenklich, legt den Dessertlöffel ab und bestellt die Rechnung. «Meist sind solche automatisierten Abläufe ja wünschenswert. Vieles ist im Gedächtnis als Skript gespeichert.»

«Verstehe ich nun nicht ganz.» Franziska zückt das Portemonnaie. «Lass nur, ich übernehme das heute.»

Nico bedankt sich und lacht. «Lustig, das Beispiel aus meinem Lehrbuch könnte passender nicht sein. Als typisches Handlungsskript wird nämlich der Besuch in einem Restaurant angeführt. Er ist bei den aller-

Spurenzerfall
Interferenz
klassisches Konditionieren
implizites Gedächtnis
Angst

konditionierte Reaktion
Löschung
Skript
Handlungsskript

meisten Menschen als kulturell bedingte, festgelegte Abfolge von immer gleichen Teilhandlungen im impliziten Gedächtnis als Skript gespeichert. Das heißt, dass wir uns nicht überlegen müssen, wie wir zu einem Tisch kommen, die Menükarte lesen oder das Essen bestellen. Das alles läuft nach einem quasi sozial vereinbarten Muster ab – einem Handlungsskript.»

«Du hast recht.» Franziska erhebt sich von ihrem Stuhl. «Wir haben ja auch die ganze Zeit gesprochen und keinen Gedanken daran verschwendet, wie unser Restaurantbesuch abläuft. Ganz nebenbei und selbstverständlich haben wir zum Beispiel nach dem Hauptgang die Dessertkarte studiert oder zum Schluss um die Rechnung gebeten.»

«Genau.» Nico nimmt seine Jacke vom Garderobenständer. «Nur selbstverständlich ist das keinesfalls. Das ist alles gelernt – prozedurales Wissen in Reinform. Ein kleines Kind würde am Restaurantbesuch genauso scheitern wie eine Person aus einer völlig anderen Kultur.» Sie treten ins Freie.

Franziska atmet die kühle Herbstluft ein und nickt Nico entschlossen zu. «Dann lass uns dafür sorgen, dass unsere Schülerinnen und Schüler nicht nur deklaratives Wissen aufbauen, sondern nach der Schulzeit auch über prozedurales Wissen und Skripts verfügen!»

prozedurales Wissen
deklaratives Wissen

MOTIVATION

«Warum beginnen sie nicht zu arbeiten?»

Nico schließt seine Zimmertüre auf. Irgendwie scheint ihm, er habe etwas vergessen. Er schaut auf die Uhr: 13 Uhr 20.

Noch zehn Minuten bis zum Unterrichtsbeginn. Habe ich für die Französischstunde an alles gedacht?

Erste Schülerinnen und Schüler finden sich im Schulzimmer ein.

Motiviert sehen die ja nicht gerade aus, wie sie so hereinschlurfen. Ob es am Fach liegt? Oder sind Nachmittagslektionen grundsätzlich unbeliebter?

«Hallo Nico!» Stefan Richter steht in der Tür.

Was will denn der Schulleiter hier? Doch nicht etwa mich besuchen? Das würde nun gar nicht passen.

«Stefan! Herzlich willkommen.» Mit Mühe ringt sich Nico ein einladendes Lächeln ab.

«Ich hoffe, ich störe nicht. Du hast daran gedacht, oder?»

Woran denn? Ach du Sch...ande. Das ist ein Besuch anlässlich der Mitarbeitendenbeurteilung. Diesen Termin habe ich komplett vergessen ... ich Idiot. Was mache ich bloß ...?

«Klar. Schön, dass du uns besuchst.» Fieberhaft geht Nico im Kopf die Stunde durch, während er den Schulleiter zu einem freien Platz führt.

Zum Glück habe ich wenigstens einen besonders motivierenden Einstieg vorbereitet. Hoffentlich springen sie auch darauf an. Aber der Rest der Stunde ist dann halt schon ziemlicher Durchschnitt.

«Und, sind sie motiviert zum Französischlernen?», fragt Stefan leise und deutet mit dem Kinn auf die Schülerinnen und Schüler.

«Intrinsische Motivation findet man eher wenig – vielleicht noch am ehesten bei Maurice – der hat Verwandte in Frankreich. Beim einen oder anderen funktioniert aber extrinsische Motivation.»

Der Schulleiter hebt eine Augenbraue: «Ich meine mich zu erinnern, dass es besser sei, die Lernenden intrinsisch zu motivieren.»

intrinsische Motivation
extrinsische Motivation

Mit einem kurzen Blick auf die Uhr stellt Nico fest, dass noch fünf Minuten Zeit bleibt bis zum Beginn der Stunde.

Soll ich meinen Schulleiter korrigieren? Ja, ich muss mich erklären, wenn er mich kritisiert.

«Man kann niemanden intrinsisch motivieren – das wäre ein Widerspruch. Intrinsisch heißt ja, dass jemand selbst, aus eigenem Antrieb, motiviert ist, zum Beispiel aus Interesse an der Sache. Wenn ich aber direkt motiviere, zum Beispiel mit Verstärkungen, ist das extrinsisch.»

Stefan nickt, will sich aber keine Blöße geben: «Schon klar. Aber wir Lehrpersonen müssen es doch irgendwie hinkriegen, dass sie selbst motiviert sind. Es kann ja nicht sein, dass wir immer Gummibärchen verteilen müssen, um sie zur Mitarbeit zu bewegen.»

«Einverstanden.» Nico legt sich eine Antwort zurecht, die ihn in möglichst gutem Licht dastehen lassen soll. «Das mache ich natürlich auch nicht. Auch die Aussicht auf Lob oder ein Lächeln kann extrinsische Motivation sein. Was ich sagen wollte, ist, dass sich einige durch die Chance auf Anerkennung – zum Beispiel, weil sie ein Spiel oder einen Wettkampf gewinnen können – motivieren lassen. Andere wissen, dass eine gute Note wichtig ist für die berufliche Perspektive. Und wieder andere wollen einfach, dass ihre Eltern nicht ständig nerven wegen schlechter Noten. Extrinsisch hervorgerufene Motivation ist nicht die beste, aber dem Unterricht und Lernen definitiv förderlich.»

Der Schulleiter fordert Nico mit einem aufmunternden Nicken auf, weiterzusprechen.

«Und selbstverständlich kann jede Lehrperson auch zur intrinsischen Motivation beitragen. Wenn man mit dem Angebots-Nutzungs-Modell von Unterricht argumentiert, so kann ich als Lehrer eine gute Nutzung des Unterrichts durch ein gutes Angebot durchaus beeinflussen. Inhalte

Verstärkung
Angebots-Nutzungs-Modell

müssen authentisch sein, einen Bezug zur Lebenswelt der Jugendlichen haben, Interesse oder vielleicht gar Emotionen wecken. Und wenn das nicht mit jedem Inhalt möglich ist – da hat es ja zum Beispiel ein Thema wie die Unterscheidung von Pronomen und Partikeln eher schwer –, kann man mit didaktischen Mitteln wie entdeckendem Lernen oder Lernspielen und so weiter einiges dafür tun, dass die Schülerinnen und Schüler motiviert oder fast freiwillig lernen.»

Mit einem unverhohlenen Grinsen betrachtet der Schulleiter seinen Berufseinsteiger. «In dir steckt ja ein Dozent, Nico.»

«Ich habe in den Herbstferien etwas Weiterbildung betrieben und einige theoretische Ansätze nochmals gelesen.»

Das klingt sicher gut in den Ohren eines Schulleiters.

«Und nutzt du dieses Wissen auch in der Praxis?»

Ich versuche es zumindest. Im Moment klingt das alles noch viel besser, als es dann von mir auch umgesetzt wird.

«Zur Reflexion hilft mir das bestimmt. Ich merke, dass ich Dinge, die im Unterricht passieren, besser benennen kann. Aber wie sich meine Praxis dadurch verändert, weiß ich noch nicht.»

Immer schön bescheiden bleiben.

«Dann bin ich ja mal gespannt auf deinen Unterricht.» Stefan lehnt sich mit verschränkten Armen zurück und blickt erwartungsfroh nach vorne.

Von wegen Bescheidenheit. Jetzt habe ich wohl eher noch zusätzlich Erwartungen geschürt …

Die letzten Schülerinnen und Schüler haben sich im Zimmer eingefunden. Nico stellt sich vor die Klasse und klatscht in die Hände.

«Bonjour. On commence avec un film.»

Es wird sie bestimmt packen, wenn wir einen kurzen Ausschnitt von Asterix und Obelix schauen. Kognitive Aktivierung zu Beginn der Stunde ist wichtig.

kognitive Aktivierung

Nico startet den zweiminütigen Ausschnitt eines Trickfilms, stellt sich hinter die Klasse und beobachtet die Schülerinnen und Schüler.

Ihr Interesse scheint zumindest geweckt zu sein. Sie schauen alle nach vorne und amüsieren sich. Mal schauen, ob das hinhält.

Als die Sequenz vorüber ist, erteilt Nico den Arbeitsauftrag. Im Lehrmittel sind vier französische Comicserien beschrieben, von denen eine gewählt werden darf. In Einzelarbeit soll zuerst gelesen und ausgewählt werden, bevor dann in Dreiergruppen eine Powerpoint-Präsentation erstellt wird, die Autoren, Figuren und Entstehung näher beleuchtet. Hierzu darf im Internet recherchiert werden. Das Ergebnis wird Ende Woche mündlich präsentiert, die Powerpoint-Präsentation dient als Stütze. Einige in der Klasse verdrehen die Augen, als das Stichwort «Präsentation» fällt.

Allzu lange hat die Motivation ja nicht hingehalten.

Nico beobachtet, wie sich die Schülerinnen und Schüler am Platz einrichten. Während manche bereits lesen, haben andere offenbar noch nicht mal gemerkt, dass von vorne keine weiteren Inputs mehr folgen.

Es geht um die Catch- und Hold-Komponente des Interesses. Im Lehrbuch steht, dass es, didaktisch gesehen, nicht reicht, zu Beginn der Schulstunde ein Feuerwerk abzubrennen, wenn das Interesse dann nicht aufrechterhalten werden kann. Mir scheint irgendwie, dass mir genau das hier passiert. Offenbar interessieren sie sich nicht besonders dafür, eine französische Comicserie näher kennenzulernen, aber einen kurzen Film schauen sie dennoch interessiert. Wichtiger als triggered interest *wäre allerdings* maintained interest, *wie man aus der Motivationsforschung weiß.*

«Herr Sommer, dürfen wir dann zur gewählten Comicserie auch noch einen Film schauen?», fragt Mirsad. «Die sind nämlich voll lustig.»

«Gute Idee», antwortet Nico, «aber auf Französisch.»

«Wirklich?», fragt Amy. «Mirsad, schaust du die auf Französisch?»

Catch- und Hold-Komponente des Interesses
triggered interest
maintained interest

«Klar!» Er grinst.

«Und du verstehst das?»

«Zusammen mit den Bildern geht's, du wirst sehen.»

Nico lächelt, und Amy vertieft sich wieder in die Lektüre.

«Herr Sommer, gibt es von dieser Serie hier auch einen Trickfilm?», fragt sie wenig später.

«Schau nach, ich weiß es nicht.»

Vielleicht wird ja aus dem situativen Interesse bei einigen doch ein individuelles Interesse. Sicher ist, dass zuerst in einer konkreten Situation Neugierde geweckt werden muss. Dieser Catch-Moment erzeugt im besten Fall positive Emotionen wie Freude oder Spaß am Lerninhalt, dem Lernmaterial oder an der Lernumgebung. Vielleicht hilft mir für die Hold-Phase, also für das Aufrechterhalten des neu erweckten Interesses, ja die Aussicht auf weitere kurze Trickfilmausschnitte.

Die meisten haben inzwischen mit der Einzelarbeit begonnen. Cédric hat offensichtlich keine Lust.

«Was ist los?», erkundigt sich Nico.

«Ich mag alle diese Comicserien nicht. Muss ich unbedingt eine von denen nehmen?»

«Ja, sonst geht meine Idee mit der Gruppenarbeit nicht auf.»

Cédric nickt und wendet sich ohne Begeisterung dem Text zu.

Wobei ich mich nun gerade frage, ob das eigentlich so wichtig ist. Ich sollte besser versuchen, Cédric für den Stoff oder das Fach zu begeistern.

situatives Interesse
individuelles Interesse
Catch-Moment
Hold-Phase

«Welche würdest du denn lieber nehmen?», erkundigt sich Nico.

«Kennen Sie die Serie ‹Cédric›?», fragt der Schüler. «Das ist so ein Lausbub, und er heißt wie ich. Deshalb haben mir meine Eltern diese Comics geschenkt. Ich habe sie zu Hause. Soll ich sie mitbringen?» Cédric strahlt.

Kann denn etwas Besseres passieren, als dass ein Schüler aus eigenem Antrieb etwas in die Schule nehmen und vorstellen möchte?

«Ja, nimm sie mit und stelle uns diese Serie vor, wenn du sie lieber magst. Du machst dann halt in der Gruppenarbeit nicht mit. Es gibt wohl etwas mehr zu tun. Ist das okay für dich?»

«Klar, danke Herr Sommer!»

«Du beginnst also gleich mit der Internetrecherche und deiner Präsentation.»

Wenn es nur immer so einfach wäre, einen lustlosen Schüler zu motivieren. Und der Grund für seine veränderte Arbeitshaltung? Ich glaube, man könnte es mit dem Stichwort «Partizipation» umschreiben. Mitbestimmung führt gemäß meinem Lehrbuch zu Motivation – eigentlich logisch.

Emma hebt den Arm: «Darf ich auch allein arbeiten?»

«Warum denn?»

«Ich arbeite lieber allein.»

Das ist nicht der wahre Grund. Emma hat Angst, keine Gruppe zu finden. Als Außenseiterin ist ihr das zu oft widerfahren.

«Nein, die Idee ist, dass ihr das in Gruppen bearbeitet. Ihr wählt die Serie, ich teile dann die Gruppen ein.» Emma scheint bereits ein wenig beruhigt. «Bei Cédric habe ich eine Ausnahme gemacht, weil er eine besondere Comicserie vorstellen will. Okay?»

Emma nickt und arbeitet weiter. Nico stellt sich hinter die Klasse und beobachtet. Sein Blick fällt auf den Notizblock des Schulleiters. Er ist

Partizipation
Mitbestimmung

vollgeschrieben, stellt Nico nervös fest. Er geht etwas näher ran, damit er lesen kann, was da steht: «Warum darf Emma nicht, was Cédric darf», gefolgt von drei großen Fragezeichen. Nico neigt sich zu Stefan hinunter und setzt zu einer Rechtfertigung an. «Weißt du, warum ich bei Emma anders reagiert habe?», fragt er im Flüsterton.

Ja, warum ... Ich brauche schnell eine gute Antwort. Vielleicht die Motivationstheorie von Deci und Ryan.

«Kennst du die Selbstbestimmungstheorie?»

Der Schulleiter schüttelt den Kopf.

«Deci und Ryan gehen davon aus, dass der Mensch drei psychische Grundbedürfnisse hat: Kompetenz, Autonomie und soziale Eingebundenheit. Das heißt für die Schule, dass es erstens wichtig ist, dass sich Lernende als fähig erleben, die gestellten Aufgaben zu bewältigen, dass ihnen zweitens, wo immer möglich, Mitbestimmung zugestanden wird und sie sich drittens in der Gruppe wohl und integriert fühlen.»

«Und was hat das nun damit zu tun, dass du Emma nicht entgegenkommst, Cédric aber schon? Ist das nicht ungerecht und inkonsequent?»

Während der kurzen Theorierekonstruktion hat Nico die Erklärung für seine anfänglich intuitive Reaktion gefunden. «Deci und Ryan gehen davon aus, dass die Befriedigung dieser Bedürfnisse eng mit intrinsischer Motivation zusammenhängt. Cédric wollte lieber eine eigene Comicserie vorstellen. Mit meiner Ausnahme habe ich seinem Bedürfnis nach Autonomie entsprechen können. Bei Emma aber ging es nicht um Autonomie, sondern darum, dass sie fürchtete, sozial nicht eingebunden zu werden. Mit meiner Antwort, dass ich die Gruppen einteilen werde, habe ich ihr die Angst davor genommen, keinen Anschluss zu finden.»

Stefan nickt anerkennend, widmet sich wieder seinen Notizen und streicht die Frage doppelt durch.

Selbstbestimmungstheorie
Autonomie
psychisches Grundbedürfnis

Kompetenz
soziale Eingebundenheit
intrinsische Motivation

Uff. Das ist mir gelungen. Und alle arbeiten – oder etwa nicht?

Tim liest nicht. Er bemalt stattessen mit dem Kugelschreiber seine Handfläche. Nico kauert sich neben ihn.

«Warum beginnst du nicht mit der Arbeit?»

«Weiß nicht.» Tim hält den Kopf gesenkt und betrachtet das Gekritzel auf seiner Hand.

«Interessieren dich Comics nicht?»

«Doch.»

«Aber?»

Tim zuckt nur mit den Schultern.

So kommen wir nicht weiter. Ich weiß, dass er Comics liebt. Daran kann es nicht liegen. Bei der Erwartung-mal-Wert-Theorie wäre also der Wert schon mal nicht null. Liegt es eventuell an der Erwartung, dass er die Aufgabe nicht bewältigen kann? Ein guter Französischschüler ist Tim ja schon nicht gerade ...

«Brauchst du Hilfe mit dem Text? Verstehst du etwas nicht?»

«Ich verstehe kein Wort.»

Aha, da liegt der Hund begraben! Er traut sich tatsächlich nichts zu, weshalb die Erwartung gleich null ist. Und in der Rechnung «null mal Wert der Aufgabe» kann der beigemessene Wert, zum Beispiel aufgrund des vorhandenen Interesses an Comics, dann noch so hoch sein – das Produkt der Rechnung bleibt null. Das heißt: keine Motivation und kein Antrieb, mit der Arbeit zu beginnen.

Nico hilft Tim, den ersten Abschnitt zu verstehen. Sie fassen gemeinsam den Inhalt zusammen, ohne jedes einzelne Wort zu übersetzen.

«Siehst du, es geht. Du verstehst den Inhalt doch sehr gut, auch wenn nicht jedes Wort geklärt ist. Mach so weiter und lass dich nicht aus der Ruhe bringen, wenn einzelne Wörter nicht klar sind. Lies einfach weiter und frage dich nur, ob du so ungefähr verstehst, worum es geht.»

Erwartung-mal-Wert-Theorie

Tim ist skeptisch, will es aber allein versuchen. Wenig später sieht Nico, wie er wieder seine Handflächen bemalt.

«Geht es nicht?»

«Nö.»

Wäre auch zu einfach gewesen! Da liegt das Problem tiefer. Er hat überhaupt kein Vertrauen in seine Französischfähigkeiten. Die Vergangenheit hat ihn ja auch diese Erfahrung machen lassen, dass er immer wieder scheitert. Seine Selbstwirksamkeitserwartung im Fach Französisch ist deshalb extrem tief.

«Weshalb geht es nicht, Tim?», fragt Nico vorsichtig.

«Ich habe einfach kein Talent für Fremdsprachen.» Tim senkt den Kopf.

«Wie kommst du darauf?»

«Das liegt in der Familie, sagt mein Vater.»

Ein viel schlechteres Attributionsmuster hätte der Vater seinem Sohn nicht bieten können! Schnell Gegensteuer geben!

«Wollen wir deinem Vater das Gegenteil beweisen?»

«Wie denn?» Tims Schultern straffen sich.

«Indem du bei dieser Arbeit etwas mehr Zeit investierst. Die Präsentation der Gruppenarbeit ist ja am Freitag. Wie wäre es, wenn du mir am Donnerstag nach der Schule deinen Teil der Mündlichpräsentation zeigst und ihn dann mit mir übst?»

«Okay. Wenn Sie meinen.»

Nico geht durch die Reihen, um sich einen Überblick zu verschaffen, wo die einzelnen Schülerinnen und Schüler mit ihrer Arbeit stehen. In Gedanken ist er aber dabei, seine Reaktion auf Tims Zuschreibungen theoretisch zu verorten.

Bei der Kausalattributionstheorie geht es ja darum, dass die Zuschreibung

Selbstwirksamkeitserwartung
Attributionsmuster
Kausalattributionstheorie

der Ursache für ein bestimmtes Ergebnis (also zum Beispiel des Versagens in Französisch) verschieden ausfallen kann: internal oder external, stabil oder variabel, kontrollierbar oder unkontrollierbar. Wie ist das nun hier? Tims Vater macht die Begabung – einen internalen, stabilen und unkontrollierbaren Faktor – als Ursache für Tims Schwäche in Französisch aus. Das ist der Todesstoß für eine zukünftige Motivation, da Tim damit suggeriert wird, dass er sowieso nicht erfolgreich sein könne. Gerade bei Misserfolg wäre es aber wichtig, dass variable Faktoren als Grund gesehen werden. Nur dann bleibt der Mensch motiviert. Selbst eine externale, variable Attribution wie die Schwierigkeit der gestellten Aufgabe kann motivierend wirken, weil sie hoffen lässt, bei einem anderen Auftrag wieder erfolgreich sein zu können. Noch besser ist aber eine internale Zuschreibung. Für Tim ist deshalb die Zuschreibung «Anstrengung» als internaler, veränderbarer und kontrollierbarer Faktor ideal. Er muss daran glauben, durch seine Anstrengung auch bessere Ergebnisse in Französisch erzielen zu können. Die investierte Zeit nach Schulschluss geht genau in diese Richtung. Ich muss einfach dafür sorgen, dass es auch ein Erfolgserlebnis wird.

Die Pausenglocke läutet. Die Schülerinnen und Schüler strömen in den Schulhausgang.

Nico wendet sich Stefan zu.

«Machst du diese Spezialangebote bei allen schwächeren oder unmotivierten Lernenden?»

«Kennst du das Konzept der ‹erlernten Hilflosigkeit›? Das tritt im Extremfall ein, wenn jemand immer nur scheitert. Die Person akzeptiert

Ursachenzuschreibung
– stabil oder variabel
– internal oder external
– kontrollierbar oder unkontrollierbar

Attribution
Hilflosigkeit

irgendwann, dass sie neue Aufgaben sowieso nicht bewältigen kann, und lernt schließlich, hilflos zu sein.»

Stefan nickt. «Ja, aber so extrem ist das doch hier in der Klasse bei niemandem, oder?»

«Nein, zum Glück nicht. Aber einige sind auf bestem Weg dazu, weil sie gelernt haben, ihren Misserfolg stabilen und unkontrollierbaren Faktoren zuzuschreiben. Das heißt, ihre Selbstwirksamkeitserwartung tendiert gegen null, weil sie die Situation als unveränderbar einstufen. Sie erleben das Fach als zu schwierig oder schieben mangelnde Begabung vor. Auch Etiketten wie festgestellte Lernschwächen sind – auch wenn sie tatsächlich vorhanden sind – motivationshemmend.»

«Du redest dich ja richtig in Rage», stellt Stefan amüsiert fest.

«Weil ich mich aufrege, wenn Eltern ihren Kindern Entschuldigungen einreden, weshalb sie es erst gar nicht versuchen sollten, sich anzustrengen und etwas zu lernen. Wichtig ist doch, dass sie zu lebenslangen Lernerinnen und Lernern werden – jeder auf seinem Niveau versteht sich.» Nico atmet tief durch. «Und dazu braucht es bei schwachen und unmotivierten Lernenden Reattributionstrainings, bei denen sich schrittweise Erfolgserlebnisse einstellen, die auf die eigene Anstrengung zurückführbar sind.»

«Deshalb hast du Tim nun deine Hilfe angeboten?», fragt Stefan.

«Genau deshalb! Die Stärkung von Tims Selbstwirksamkeitserwartung in Französisch wird sich auch auf andere Fächer auswirken. Sein Selbstkonzept wird sich verändern und damit sein Selbstvertrauen und sein Selbstwertgefühl. Selbstwirksamkeitsüberzeugungen mögen bereichsspezifisch sein, wie mein Lehrbuch sagt, aber die Rückwirkung auf das globalere Selbstkonzept ist für alle Lebensbereiche und Fächer wichtig.»

«Du bist ein Idealist», sagt Stefan kopfschüttelnd. Dann fügt er grinsend an: «Aber ich weiß das wirklich zu schätzen!»

Selbstwirksamkeitserwartung
Reattributionstraining
Selbstkonzept

Selbstvertrauen
Selbstwertgefühl
Selbstwirksamkeitsüberzeugung

Die Klasse kommt aus der Pause zurück, und Nico sorgt dafür, dass alle ohne weitere Erklärung ruhig weiterarbeiten.

Sein Blick fällt auf Mia. Das sonst schon eher schüchterne und bleiche Mädchen sieht heute noch kränklicher aus. Sie ist während der ersten Französischstunde kaum vom Fleck gekommen. Nico geht neben ihr in die Hocke.

«Was ist los, Mia?»

«Nichts.»

«Geht es dir nicht gut?»

«Doch.»

«Warum arbeitest du denn nicht? Interessiert dich das Thema nicht?»

«Doch. Schon.»

Die Einsilbigkeit der Antworten beginnt Nico zu ärgern. Nur knapp kann er sich einen bissigen Kommentar verkneifen. «Dann bitte ich dich, nun konzentriert zu arbeiten.» Er stellt sich wieder neben den Schulleiter.

«Ist sie krank?», fragt Stefan leise. «Oder was ist mit diesem Mädchen, mit dem du gesprochen hast?»

«Nein, es muss etwas anderes sein.»

«Sie wirkt traurig.»

«Du hast recht.» Nico erinnert sich an das letzte Elterngespräch, an dem nur die Mutter teilgenommen und verbittert erwähnt hat, dass ihr Mann ausgezogen sei und sich kaum mehr um die Familie kümmere. «Ich glaube, ihre Eltern haben sich getrennt.»

Die Trennung der Eltern ist natürlich belastend. Aber mit meiner Französischlektion sollte das doch eigentlich nichts zu tun haben, oder? Mia ist eine gute Schülerin. Und sie wird Französisch brauchen, wenn sie ans Gymnasium wechseln will. Auch ihr Interesse an den Sprachen war immer groß. Eigentlich müsste sie doch motiviert sein.

In Gedanken geht Nico einige Motivationstheorien durch.

Es liegt nicht an ihrer Selbstwirksamkeitsüberzeugung, nicht am Interesse, nicht am Wert oder der erwarteten Konsequenz …

Maslows Bedürfnispyramide kommt ihm in den Sinn.

Mag ja sein, dass eine solche hierarchische Bedürfnispyramide, wie unser Dozent an der PH sagte, heute überholt ist, aber ich glaube, dass sie mir hier Mias Verhalten erklärt. Ich erwarte nämlich eine Performanz auf der obersten Ebene der Pyramide, wo es um Wachstumsbedürfnisse und darum geht, sich selbst zu verwirklichen. Maslow macht aber darauf aufmerksam, dass eigentlich erst die Bedürfnisse der unteren Stufen, die er den Defizitbedürfnissen zuordnet, gestillt werden müssen.

Nico setzt sich neben Stefan und kritzelt Maslows Bedürfnispyramide auf ein Stück Papier, um sich zu erinnern. Stefan schaut auf Nicos Notizblatt. «Was zeichnest du da auf?»

«Ich versuche, mich daran zu erinnern, wie Maslow Nicht-Motivation aufgrund von nicht gestillten Bedürfnissen erklärt hat. Wobei die Theorie ja stark kritisiert wurde.»

«Und was hilft sie dir dann?»

«Ich verstehe damit, dass sich Mia nicht auf den Unterricht konzentrieren kann. Sicherlich hat sie anderes im Kopf als das Französisch. Es ist nachvollziehbar, dass sie die gewiss schwierige Situation zu Hause mehr beschäftigt als ihre weitere Schulkarriere. Maslow ordnet die Familie der Ebene des Sicherheitsbedürfnisses zu, also der zweiten Stufe seiner Pyramide. Um Selbstverwirklichung geht es auf der fünften, der obersten Stufe.

Stefan nickt nachdenklich. «Ja, es ist wohl noch nicht mal gesagt, dass ihr Grundbedürfnis nach Schlaf gestillt ist.»

Nico beschließt, etwas verständnisvoller auf Mias «Unmotiviertheit» zu reagieren und sie am nächsten Tag auf ihre private Situation anzusprechen.

Maslows Bedürfnispyramide
Performanz
Wachstumsbedürfnis

Defizitbedürfnis
Sicherheitsbedürfnis
Grundbedürfnis

Er widmet seine Aufmerksamkeit der unruhig werdenden Klasse. Die Konzentration scheint aufgebraucht.

«Sie, gibt das überhaupt eine Note?», erkundigt sich Marco – ein Schüler, der mit seinen Kräften haushälterisch umgeht. Als ihn Nico einmal darauf ansprach, meinte Marco, sein Tennislehrer sage, er sei ein Ökonom, und das könne sich im Spiel auszahlen.

Weil seine Reaktion offenbar rundum interessiert, wartet Nico, bis alle ruhig sind. Dann seufzt er tief und setzt zur Predigt an: «Ihr kennt ja meine Haltung. Erledigt die Aufträge, so gut ihr könnt, damit ihr etwas lernt, und nicht wegen der Note.» Die Klasse grinst. «Wollt ihr wissen, warum?» Niemand will es wissen, doch Nico spricht unbeirrt weiter, noch immer eindringlich wie ein Pfarrer. «Es ist wegen der Motivation, meine Lieben! Es geht nämlich um Zielorientierungen.» Er hält kurz inne und stellt sicher, dass ihm alle folgen. «Wer lernzielorientiert ist und etwas wissen oder meistern will, lernt gerne und intrinsisch motiviert. Das heißt, er lernt um der Sache willen und wird langfristig erfolgreich sein, weil es ihm nicht nur darum geht, bei der Prüfung gut dazustehen. Wer aber performanzorientiert ist, lernt nur wegen der Konsequenzen – zum Beispiel wegen der guten Note oder weil ihm jemand eine Belohnung verspricht. Das führt zu extrinsisch motiviertem Lernen, also einem Lernen aus äußerem Antrieb. Wisst ihr was? Das funktioniert auch, aber die Inhalte sind weniger wichtig, und die Motivation hält nicht dauerhaft an, sondern nur so lange, wie das Belohnungssystem bestehen bleibt.» Julia wendet sich demonstrativ ab, nicht ohne zu überprüfen, ob die Klasse ihren Auftritt bemerkt. Nico grinst. «Die Performanzorientierung wird übrigens auch Selbstdarstellungszielorientierung genannt.» Er streift Julia mit einem Seitenblick, worauf einige kichern und Julia, die ihm nicht mehr gefolgt ist, unsicher umherschaut. «Performanzorientierte Menschen tun

Zielorientierung
Lernzielorientierung
Performanzorientierung
intrinsische Motivation
extrinsische Motivation
Selbstdarstellungszielorientierung

Dinge wegen des Ansehens. Sie wollen vor anderen gut dastehen. Das kann in der Schule auch positiv sein, wenn zum Beispiel als bewundernswert gilt, was man gut kann. Falls man aber nur dann wertgeschätzt wird, wenn man sich möglichst cool verhält, ist Performanzorientierung ein Quatsch.»

«Herr Sommer, was haben Sie heute zu Mittag gegessen?», fragt Marco frech. «Wir verstehen Sie nicht.»

Nico lässt sich nicht provozieren. «Der lange Rede kurzer Sinn und die Antwort auf deine Frage: Ja, es gibt eine Note, aber lerne nicht wegen der Note, sondern wegen der Sache. Kümmere dich um den Inhalt und nicht darum, ob du in den Augen der anderen kompetent wirkst.» Marco schaut seinen Lehrer noch immer verständnislos an. «Noch kürzer? Sein statt Schein!»

Nico gibt die Gruppen bekannt und erteilt den nächsten Auftrag. «Bitte diskutiert zuerst dieses Konzeptpapier hier und entscheidet, was ihr schreiben und zeigen wollt. Alle Gruppen, die mir eine Idee für die Powerpoint-Präsentation geliefert haben, dürfen dann am Computer arbeiten und mit der Ausgestaltung beginnen.»

«Zuerst die Arbeit, dann das Vergnügen, gell?», sagt Stefan, als Nico bei ihm vorbeigeht.

«Ja, genau. Es ist das Premack-Prinzip, das besagt, dass ein unwahrscheinlicheres Verhalten durch ein wahrscheinlicheres verstärkt werden kann. Man kann es auch so umdeuten, dass eine beliebtere Handlung – hier die Arbeit am Computer – als Verstärker oder Belohnung für ein unbeliebteres Verhalten – hier die Konzeptarbeit – dient.»

«Dass du aber auch nie etwas einfach sagen kannst», lacht Stefan und klopft Nico auf die Schulter. «Ich fand deine Rede an die Klasse aber vorher trotzdem richtig gut. Ist doch schön, wenn sie merken, dass wir

Premack-Prinzip
Verstärker
Belohnung

Lehrpersonen etwas von Lernen und Motivation verstehen. Wir sind Fachleute fürs Lernen. Dass ich das heute gerade von dir so vorgezeigt bekomme, hätte ich aber nicht erwartet. Respekt!»

Nico lächelt: «Danke dir, aber ich glaube, die Rede wäre gar nicht nötig gewesen. Schau mal, wie viele Schülerinnen und Schüler richtig motiviert arbeiten. Ich greife eventuell etwas hoch, wenn ich von Flow spreche, aber einige sind nahe dran.»

«Wie meinst du das?»

«Flow beschreibt das Gefühl, wenn man in einer Tätigkeit völlig aufgeht und dabei Zeit und Raum vergisst. Manche erleben das bei ihren Hobbys. In der Schule ist das Erlebnis leider seltener. Hier sind wir doch oft schon froh, wenn sie nicht ständig auf die Uhr schauen.»

«Ich finde, du hast einen motivierenden Unterricht gestaltet. Aber denkst du wirklich, dass einige freiwillig weiterarbeiten, wenn jetzt bald die Pausenglocke ertönt?»

«Wohl eher nicht», gibt Nico offen zu. «Flow ist nicht planbar. Aber ich kann dafür sorgen, dass die Schülerinnen und Schüler eine möglichst hohe *time on task* an einem interessanten Lerngegenstand erreichen.»

Stefan runzelt die Stirn. «Das hieße aber – wenn man es zu Ende denkt – Binnendifferenzierung, oder? Die habe ich heute aber nur bedingt erlebt.»

«Binnendifferenzierung kann auch durch eine Aufgabenstellung, die für alle gleich ist, erreicht werden. Es geht um die optimale Passung. Ich meine, dass die einzelnen Schülerinnen und Schüler in der Zone der proximalen Entwicklung – wie Wygotski sie nennt – arbeiten können. Das heißt, sie werden weder über- noch unterfordert und erleben die Herausforderung der Aufgabe als bewältigbar – vorausgesetzt natürlich, sie strengen sich an.»

Flow
time on task
Binnendifferenzierung
Passung
Zone der proximalen Entwicklung

«Sag, hast du dir das bei diesem Comicauftrag vor der Stunde genau so überlegt?»

«Wenn ich keine individuellen Aufgaben stelle, achte ich darauf, dass es solche mittleren Schwierigkeitsgrades sind, da die Klasse so am motiviertesten bleibt. Der Anreiz oder die Herausforderung, welche die Aufgabe bietet, muss im Schnitt höher sein als die Angst, sie nicht bewältigen zu können. In diesen zwei Französischstunden habe ich der Leistungsheterogenität in der Klasse Rechnung getragen, indem ich eine Aufgabe gestellt habe, die auf verschiedenen Niveaus bearbeitet werden kann. Die Präsentation zur Comicserie wird je nach Niveau der Schülerinnen und Schüler einer Gruppe halt etwas differenzierter oder sprachlich korrekter ausfallen. Die Differenzierung kann ich natürlich auch über die Unterstützung durch Hilfsmittel wie zum Beispiel Dictionnaires oder andere *scaffolds* steuern.»

«Und ein *scaffold* ist …? Du weißt, ich bin kein Sprachlehrer», entschuldigt sich Stefan.

«Das heißt eigentlich Gerüst und meint in diesem Zusammenhang Lernhilfe oder Lernunterstützung.»

Ich sollte weniger mit Stefan sprechen, sondern die Zeit für genau diese individuelle konstruktive Lernunterstützung nutzen!

Nico geht während der letzten zehn Minuten des Unterrichts durch die Reihen, um einzelnen Schülerinnen und Schülern ein Feedback zu ihrer Arbeit zu geben oder zu helfen. Zum Ende stellt er sich vor die Klasse und räuspert sich.

Ich sollte mir wirklich eine Glocke anschaffen!

«Ihr habt sehr gut gearbeitet. Bitte speichert eure Präsentationen ab und setzt euch noch einmal zurück an eure Plätze!»

Nachdem Nico die Hausaufgaben erteilt und die Klasse verabschiedet

Aufgaben mittleren Schwierigkeitsgrades
Leistungsheterogenität

scaffolds
Lernunterstützung
Feedback

hat, steht Stefan auf und schüttelt Nico anerkennend die Hand: «Die Rückmeldung zum Besuch bekommst du noch, aber ich bedanke mich schon mal herzlich für den spannenden Nachmittag.» Der Schulleiter wendet sich zum Gehen, dreht sich aber noch einmal um und sagt: «Bleib so motiviert.»

METAKOGNITION UND SELBST-STEUERUNG

*«Warum lernen sie
nicht selbstständig?»*

Nico setzt sich an sein Pult und schließt die Augen. Was für ein erster Tag nach den Ferien!

Und nun noch dieses Elterngespräch mit Lucas Eltern. Das müsste jetzt nicht sein. Ich weiß noch nicht mal so genau, worum es geht. Vor den Ferien fühlte ich mich so überlastet, dass ich einfach nur froh war, es zwei Wochen hinauszuschieben. Haben die Eltern etwas von Noten und schlechter Selbstdisziplin geschrieben? Ich werde es ja gleich hören.

Wenig später klopft es an der Tür. Nico öffnet.

«Kommen Sie herein.»

Herr und Frau Schönmann sehen leicht genervt aus, also Vorsicht.

Nicos Puls erhöht sich. Er ist auf alles gefasst und verflucht sich, nicht besser vorbereitet zu sein.

«Sie wissen ja, ich habe ein eigenes Geschäft mit zwanzig Angestellten», legt Herr Schönmann sofort los, als alle sitzen. Er streicht sich die Krawatte glatt. «Ich habe es dank Fleiß und gutem Schulabschluss zu etwas gebracht.» Frau Schönmann rutscht unruhig auf ihrem Stuhl hin und her und schaut verlegen zu Boden.

Seine Großspurigkeit ist ihr peinlich. Aber worauf läuft das hier hinaus?

«Luca soll eines Tages mein Geschäft übernehmen.» Herr Schönmann macht eine Kunstpause und lässt seinen Blick auf Nico ruhen. «Doch dazu braucht er Disziplin und gute Noten.»

So weit, so gut. Ich könnte das unterschreiben. Luca hat weder das eine noch das andere.

«Und hier kommen Sie ins Spiel, Herr Sommer.»

Warum nicht Sie als Eltern?

«Sie wissen sicher, was ich meine?»

Nein, aber Sie werden es mir bestimmt gleich sagen. Oder erwarten Sie hier eine Antwort? Offenbar schon.

«Dass wir zusammen daran arbeiten sollten, Luca den Wert von Lernanstrengung klarzumachen?», wagt Nico einen Versuch.

Immer die Eltern zu Verbündeten machen.

Herr Schönmann richtet sich auf dem Stuhl auf und spricht noch eindringlicher als vorher: «Unseren Teil lassen Sie mal unsere Sorge sein. Ich erwarte aber von Ihnen, dass Sie Luca mehr beibringen.»

So läuft der Hase also! Wenn Luca sich nicht anstrengt und deshalb schlechte Noten schreibt, ist der Lehrer schuld.

«Herr Schönmann, Sie können mir glauben, dass ich meinen Teil ebenfalls dazu beitrage, aber sind wir uns einig, dass es von Luca auch eine Anstrengung braucht?»

Zweiter Versuch, mich mit den Eltern zu verbünden.

«Sie haben recht, Herr Sommer», meldet sich Frau Schönmann leise zu Wort, worauf sie ihr Mann ärgerlich ansieht. «Es liegt vor allem an Luca selbst.»

«Was nicht heißt, dass wir ihn nicht unterstützen können», sagt Nico.

Zeit, den Eltern auch ein wenig entgegenzukommen.

Herr Schönmann reißt das Gespräch wieder an sich: «Die Noten stimmen jedenfalls nicht. Er muss besser werden.»

Immer die Noten! Dabei geht es doch eigentlich um Kompetenzen.

«Wie sind denn seine Noten im Vergleich mit dem Rest der Klasse?» Herr Schönmann lässt nicht locker.

«Ich möchte mit Ihnen nicht über die anderen Schülerinnen und Schüler, sondern über Luca sprechen», entgegnet Nico ruhig. «Sehen Sie, die Noten orientieren sich an Lernzielen und festgelegten Kriterien. Man spricht von der kriterialen Bezugsnorm. Das heißt, ich messe den Einzelnen nicht am Durchschnitt der Klasse, sondern an transparenten Anforderungen, die für alle gleich sind. Die kriteriale Bezugsnorm ist viel

Kompetenzen
kriteriale Bezugsnorm

fairer als eine soziale. Sonst hätte ja ein mittelmäßiger Schüler in einer starken Klasse eine ungenügende Note, während er in einer schwachen Klasse mit guten Noten auftrumpfen könnte.»

Mit einem Brummen signalisiert Herr Schönmann Zustimmung.

Nico fährt fort: «Noch sinnvoller ist eigentlich eine individuelle Bezugsnorm, da man dabei die Schülerinnen und Schüler nur am eigenen Lernfortschritt misst.»

«Aber was hat das nun mit Luca zu tun?», will Frau Schönmann wissen.

«Wir sollten Luca individuelle Ziele setzen und ihn daran messen. Ich glaube, er hat großes Potenzial, aber er mag sich nicht anstrengen.»

«Und woran liegt das? Er bekommt sogar Geld für jede gute Note.» Frau Schönmann klingt verzweifelt.

Ihr Ehemann holt tief Luft und herrscht sie an: «Der Lümmel braucht keine Belohnung, sondern eins hinter die Löffel, wenn er sich nicht anstrengt!»

Ich glaube, das Hauptproblem liegt in der Uneinigkeit der Eltern und dem Vertrauen auf rein extrinsische Motivation – egal, ob Belohnung oder Strafe.

«Darf ich Ihnen widersprechen? Sie bauen beide auf Druck von außen, dabei müsste Luca merken, dass es nicht um Sie geht, Herr und Frau Schönmann, auch nicht um die Belohnung oder die Strafe aufgrund der Note, sondern um ihn selbst.»

soziale Bezugsnorm
individuelle Bezugsnorm
Potenzial

Druck
Belohnung
Strafe

«Dazu fehlt ihm die Reife.» Herr Schönmann schüttelt den Kopf.

«Sie müssen wissen, dass man in der Entwicklungspsychologie nur dann von Reifung spricht, wenn Veränderungen universell in einer bestimmten Altersperiode und im Prinzip ohne Lernen auftreten. Der Reifebegriff ist hier also eher fehl am Platz. Das würde ja heißen, dass die Einsicht, dass man für sich selbst und nicht für andere lernt, bei allen Menschen in den Genen angelegt ist.»

Komm zum Thema zurück, Nico! Du darfst dich nicht zu sehr als Besserwisser aufspielen, sondern sollst das Anliegen der Eltern ernst nehmen, damit zusammen eine gemeinsam getragene Lösung gefunden werden kann.

«Was ich sagen will, ist, dass wir Luca nicht die Ausrede eines biologischen Konzepts geben dürfen. Fehlende Reife kann man ihm ja auch nicht vorwerfen. Wir müssen ihn in die Verantwortung nehmen.»

Gutes Argument! Da nicken sogar beide Elternteile.

«Luca weicht zurzeit dem Druck aus», fährt Nico fort. «Wir müssen ihn anders packen.»

«Wie meinen Sie das?», fragt Frau Schönmann interessiert.

«Selbstreguliertes Lernen. Wir sollten ihm die Möglichkeit geben, sein Lernen selbst zu steuern und dafür Verantwortung zu übernehmen.»

«Von mir aus, aber für mich sind das leere Worte, solange er keine Selbstdisziplin hat», knurrt Herr Schönmann. «Und außerdem ist das Ihr Bier hier, das hat doch mit Ihrem Unterricht zu tun.»

«Da haben Sie recht. Ich möchte tatsächlich vermehrt erweiterte Lehr- und Lernformen mit offenen Aufgabenstellungen einsetzen. Alle Schülerinnen und Schüler – nicht nur Luca – sollen dabei lernen, ihr Handeln zu planen, zu steuern und zu reflektieren – das sind wichtige metakognitive Handlungen in einem zirkulären Prozess von eigenständigem Lernen.»

Reife
Reifung
selbstreguliertes Lernen
erweiterte Lehr- und Lernformen
offene Aufgabenstellung
Metakognition
eigenständiges Lernen

Immer wieder mal auch den Lehr- und Lernfachmann markieren, sagte mein Mentor jeweils.

«Die Fremdwörter klingen gut, aber Fakt ist, dass unser Sohn nicht weiß, wie er lernen soll. Er hat keine Lernstrategien. Die können wir ihm nicht beibringen. Das müssen schon Sie tun!» Herr Schönmann freut sich, das letzte Wort zu haben, und blickt seine Frau zufrieden an.

Wie wenn er sagen wollte. «Dem habe ich es jetzt gezeigt.» Das Spiel hier heißt doch nicht «Eltern gegen Lehrer», sondern «zusammen für das Wohl des Kindes».

«Warum überhaupt machen Sie keine Lernstrategiewoche?», nimmt Frau Schönmann den Faden wieder auf. «Bei unserer Tochter gab es das, als sie ins Gymnasium kam.»

Wie viel Theorie verträgt es hier? Dazu müsste ich nun weiter ausholen. Ich versuche lieber, das Ganze auf einen kurzen Nenner zu bringen.

«Es ist wissenschaftlich erwiesen, dass Lernstrategietraining als Trockenübung und ohne passenden Stoff im Unterricht nichts bringt. Das heißt: Keine Form ohne Inhalt.»

Das Ehepaar Schönmann schaut Nico verständnislos an.

«Ich will damit Folgendes sagen: Man hat herausgefunden, dass Lernstrategien dann eingeführt werden sollen, wenn sie sich auch gleich anwenden lassen. Man kann sich kein Repertoire aneignen, ohne eine geeignete Anwendung erlebt zu haben. Das gilt auch für Lerntechniken wie zum Beispiel das Üben von Vokabeln mit Kärtchen. Diese Technik habe ich den Schülerinnen und Schülern gezeigt, als sie das erste Mal Wörtchen lernen mussten.»

«Klingt ja einleuchtend, aber Luca kennt weder Lerntechniken noch Lernstrategien.»

«Er kennt sie schon», widerspricht Nico. «Aber wir haben es hier mit

Lernstrategien
Lernstrategietraining
Lerntechniken
Üben

Produktionsdefiziten oder Nutzungsdefiziten in der Anwendung zu tun. Die betreffen im Übrigen nicht nur Luca.»

Frau Schönmann runzelt die Stirn «Was verstehen Sie überhaupt unter Lernstrategien? Und inwiefern gibt es da Defizite bei Luca?»

«Man kann Lernstrategien auf verschiedene Weise kategorisieren. Manche sprechen von Primär- und Sekundärstrategien, andere von Oberflächen- und Tiefenstrategien. Am sinnvollsten scheint mir aber die Unterteilung in kognitive, metakognitive und ressourcenbezogene Lernstrategien. Bei den kognitiven Strategien unterscheidet man weiter zwischen Wiederholungsstrategien oder Mnemotechniken, die dabei helfen, sich etwas besser zu merken, Organisationsstrategien, die der Strukturierung des Wissens dienen, und Elaborationsstrategien, die das Integrieren von neuem Wissen ins vorhandene Vorwissen erleichtern.»

Ausführlicher darf ich nicht werden. Sie verdrehen jetzt schon die Augen.

«Und so etwas lehren Sie unseren Luca?», fragt Frau Schönmann ungläubig.

Nico lächelt. «Das klingt jetzt viel komplizierter, als es ist. Das sind zum Teil ganz einfache Dinge wie zum Beispiel, dass man sich Wörter mit Bildern gepaart besser merken kann, dass man Schlüsselbegriffe in einem Text mit Leuchtstift anstreicht oder dass man ohne Musik besser lernt.»

«So etwas Einfaches sollte dann Luca aber auch können», sagt Herr Schönmann streng.

«Kann er auch», entgegnet Nico. «Wenn ich vorher von Produktions- und Nutzungsdefiziten gesprochen habe, bezog sich das auf etwas komplexere Strategien, die Luca einüben muss. Die kann niemand einfach so automatisch und richtig anwenden. Ein Mediationsdefizit bedeutet, dass man die Strategie gar nicht lernen kann, weil einem die kognitiven Fähigkeiten fehlen. Das ist bei Luca sicher nicht der Fall.»

Produktionsdefizit
Nutzungsdefizit
Primär- und Sekundärstrategie
Oberflächen- und Tiefenstrategien
Lernstrategien (kognitive, metakognitive, ressourcenbezogene)
Wiederholungsstrategien
Mnemotechniken
Organisationsstrategien
Elaborationsstrategien
Mediationsdefizit

«Nein, dumm ist mein Sohn nicht, wenn Sie das meinen.»

«Definitiv nicht. Aber Produktionsdefizite sehe ich schon. Er nimmt gewisse Strategien nicht in sein Repertoire auf, weil er ihren Nutzen nicht erkennt. Da gilt es für mich, dranzubleiben. Und da bin ich auch auf Ihre Hilfe angewiesen. Wenn ich Luca zum Beispiel sage, er solle Vokabeln immer zusammen mit dem Beispielsatz schreiben und Wörter nicht nur anschauen, sondern mit den Kärtchen lernen, dann wünschte ich mir, dass Sie mich darin zu Hause unterstützen.»

«Das machen wir gerne, aber davon wussten wir bislang ja gar nichts.»

Frau Schönmann hat recht. Ich bin automatisch davon ausgegangen, dass in der Schule Geübtes zu Hause angewendet wird und die Eltern das auch mitbekommen.

«Ich lerne daraus, dass ich hierzu mal einen Elternbrief schreiben sollte, um Transparenz zu schaffen und Sie, liebe Eltern, mit ins Boot zu holen. Vielen Dank für Ihre Unterstützung.»

Herr und Frau Schönmann sehen zufrieden aus. Die angestrebte Taktik funktioniert: Mach einen Schritt auf die Eltern zu. Gestehe ein, dass ihr Anliegen berechtigt ist und dass auch du etwas dazu beitragen kannst, das gesteckte Ziel zu erreichen. Habe ich das Gespräch heute vielleicht etwas stark in die Richtung des von mir vorgeschlagenen Ziels gelenkt? Vielleicht sollte ich noch einmal das gemeinsame Interesse betonen.

«Sind wir uns aber einig, dass es nicht nur um meinen und Ihren Einsatz in dieser Sache, sondern vor allem um Luca geht? Wir haben ein gemeinsames Ziel: ihn zu einem selbstständigeren Lerner zu machen.»

Herr Schönmann lenkt ein: «Ja, Sie haben völlig recht. Danke.»

Nach weiteren konkreten Absprachen, wie die Unterstützung in einzelnen Fächern aussehen soll, endet das Elterngespräch mit verbindlichen Vereinbarungen und einvernehmlicher, als Nico anfangs erwartet hat.

Auf dem Nachhauseweg denkt Nico weiter über Luca und das Gespräch nach. Es soll nicht wirkungslos bleiben, er möchte seinen Unterricht verbessern.

Es geht ja nicht nur um Luca. Auch andere zeigen noch wenig Anzeichen von selbstreguliertem Lernen. Allerdings muss man ihnen das auch beibringen oder ihnen wenigstens die Chance geben, es zu lernen. Ich werde Aline mal fragen, wie sie das löst.

Nico betritt die Wohnung, in die Aline und er im Sommer gezogen sind. Seine Freundin unterrichtet an der Sekundarschule im Nachbardorf, ebenfalls erstmals eine eigene Klasse.

«Nico! Du hast schon wieder vergessen, die Spülmaschine laufen zu lassen heute Morgen. Wir haben keinen einzigen sauberen Teller mehr.»

Was für eine Begrüßung! Aber Aline hat recht, ich habe es vergessen.

«Hallo Aline!», versucht Nico abzulenken. «Wie war dein Tag?»

Aline kommt aus der Küche und schaut ihn vorwurfsvoll an: «Ich ärgere mich gerade, dass ich dir jeden Tag dasselbe sagen muss. Wie lernst du es, dass der Letzte, der die Wohnung verlässt, das Geschirr in die Spülmaschine stellt – und sie laufen lässt, wenn sie voll ist?» Sie wird etwas versöhnlicher. «Du als Lernfachmann kannst mir bestimmt sagen, wo ich hier ansetzen muss, um dir das beizubringen.»

Nico ist froh über die Gesprächswendung und nimmt den Faden dankbar auf. «Du willst es ja wohl nicht behavioristisch lösen, oder?»

«Du meinst, dass ich dich belohne, wenn du am Morgen den Spülmaschinenknopf betätigst.» Sie schaut ihn verführerisch lächelnd an. «Hättest du wohl gerne. Wenn schon mit Bestrafung.» Aline boxt ihn in den Oberarm. «Nein, ich möchte, dass du das aus Einsicht lernst – aus eigenem Antrieb und ganz ohne mein Zutun.»

«Wie der Zufall es will, habe ich soeben ein Elterngespräch hinter mir, wo es darum ging, wie jemand selbstbestimmt lernt.»

«Und?»

«Ich musste den Eltern eben auch ausreden, dass man dies mit zu viel Fremdbestimmung lösen kann. Es geht um Partizipation, geteilte Ziele und Verantwortungsübernahme.»

«Mein lieber Nico.» Sie grinst. «Du bist sehr wohl gefragt worden, ob du am Abend auch sauberes Geschirr möchtest, und hast dazu genickt. Ich erwarte nun einfach noch, dass du die Verantwortung übernimmst und das auch in die Tat umsetzt.»

Nico kichert. «Nehmen wir die Selbstbestimmungstheorie von Deci und Ryan. Bei einer externalen Regulation bleibt die Motivation tief. Wenn ich also nur aus Angst vor deiner schlechten Laune handle, wird das zu nichts führen.»

Aline funkelt Nico übertrieben böse an. «Was dann?»

«Deci und Ryan sprechen von fließenden Übergängen zwischen extrinsisch und intrinsisch motiviertem Verhalten. Sie sprechen von introjizierter Regulation, wenn ich das auch ein bisschen aus eigener Überzeugung tue, weil ich zum Beispiel denke, dass es sich gehöre und ich sonst ein schlechtes Gewissen haben müsse. So weit bin ich übrigens mindestens schon.» Nico lächelt seine Freundin schuldbewusst an. «Schön wäre, wenn ich die Stufe

Partizipation
Selbstbestimmungstheorie
externale Regulation
introjizierte Regulation
identifizierte Regulation

der identifizierten Regulation erreiche, wenn ich also die Handlung des Spülmaschine-Einräumens-und-am-Morgen-laufen-Lassens selbst als wichtig erachten würde.»

«Was du aber nicht tust, weil du immer sagst, man könne die Maschine ja auch abends noch betätigen und das dann benötigte Geschirr halt von Hand abwaschen.» Aline seufzt. «Du bist ein hoffnungsloser Fall.»

«So weit würde ich nicht gehen. Es ist schon so, dass ich die Wichtigkeit sehe, aber vielleicht ist die Stufe der integrierten Regulation einfach noch nicht erreicht. Da würde eine Integration von Zielen, Normen und Handlungsstrategien dazu führen, dass die gewünschte Handlung zu meinem Selbstkonzept gehört.»

«Du kannst vielleicht gescheit daherreden. Tu es doch einfach freiwillig!»

Alines Geduld ist am Ende. Das Spiel ist offenbar aus.

«Nur noch so viel Theorie: Die integrierte Regulation ist die eigenständigste Form von extrinsischer Motivation. Sie steht quasi am Übergang zur intrinsischen Motivation und bildet mit ihr die Basis des selbstbestimmten Handelns. Erst bei diesen Stufen der Motivation und Regulation kann man also von Freiwilligkeit sprechen.»

Aline schaut Nico mitleidig an. «Weiß so viel und schafft es nicht, sich selbst zu motivieren.» Sie schüttelt den Kopf. «Nun halt dich fest. So viel habe ich nämlich aus der Vorlesung noch im Kopf: Es geht doch eigentlich nur um die Volition, also um deinen Willen, etwas verändern zu wollen!»

«Ja, bestimmte Autoren verwenden Selbstregulation und Volition fast synonym.»

«Heißt also, du willst es einfach nicht lernen», stellt Aline bissig fest.

«Motivation, Regulation und Volition hängen eben eng zusammen. Sagen wir einfach, dass ich den Sinn nicht hundertprozentig einsehe und es bei mir deshalb bei einer teilweise extrinsischen Motivation bleibt, die

integrierte Regulation
Selbstkonzept
extrinsische Motivation
intrinsische Motivation
selbstbestimmtes Handeln
Volition

dem Willen nur bedingt förderlich ist. Aber ich werde in Zukunft dir zuliebe die Spülmaschine gerne laufen lassen, wenn ich drandenke.»

«Wie lieb von dir.» Aline klingt zynisch, küsst ihn aber auf die Wange.

Wenn wir gerade dabei sind, könnte ich auch sagen, was mich stört.

«Darf ich dir zeigen, dass auch deine Selbstregulation manchmal nicht klappt?»

«Was meinst du?», fragt Aline vorsichtig.

«Es geht um deinen Wäscheberg im Badezimmer.»

«Fängst du nun damit wieder an», erwidert sie gereizt.

«Ja, diesmal aber theoretisch fundierter.» Nico zwinkert ihr zu, sieht aber, dass sie nur auf eine Möglichkeit wartet, um zu kontern. Er lässt sich nicht einschüchtern: «Selbstregulation setzt sich nach Bandura aus drei Komponenten zusammen: Selbstbeobachtung, Selbstbewertung und Selbstreaktion. Die Selbstbeobachtung ist Grundlage für eine intendierte Veränderung.»

«Ich beobachte mich selbst», knurrt Aline. «Ich weiß, dass ich meine Wäsche in die von dir aufgestellten sechs Wäschebehälter im Keller legen sollte – säuberlich sortiert nach den Kriterien, ob sie mit 30, 40 oder 60 Grad zu waschen, hell oder dunkel sind.» Sie verdreht die Augen.

«Die Selbstbeobachtung dient der Diagnose, sollte aber auch die Selbstmotivation hervorrufen, was bei dir offenbar nicht der Fall ist.»

«Doch, du hast recht. Ich bin eigentlich gewillt, dein Wäschesortiersystem anzuerkennen. Der Berg stört mich auch.»

Nico lächelt milde. «Kommen wir also zur Selbstbewertung. Das Beobachtete – also die sich langsam auftürmende Wäsche im Badezimmer – wird mit deinen eigenen Standards verglichen. Würde dich das Beobachtete also tatsächlich stören, käme es zur Selbstreaktion. Tut es aber nicht.»

«Mir fehlt nur die Zeit.»

«Ich glaube eher, dir fehlt zur Selbstreaktion eine Selbstverstärkung.»

Selbstregulation
Selbstbeobachtung
Selbstmotivation

Selbstbewertung
Selbstreaktion
Selbstverstärkung

«Sind wir wieder beim Behaviorismus?»

«Vom Prinzip her schon. Nur, dass keine Verstärkung von außen erfolgt. Ich werde dich also weder loben noch anderweitig belohnen, wenn du deine Wäsche in die Behälter legst. Du müsstest diese instrumentelle Selbstkonditionierung also selbst vornehmen, indem du dich zum Beispiel immer mit deinem Lieblingsbonbon belohnst, wenn du den Weg in die Waschküche erfolgreich hinter dich gebracht hast.»

Beide lachen ob der Vorstellung und beschließen, die in Theorie verpackten Vorwürfe wieder sein zu lassen.

Eine halbe Stunde später sitzen Aline und Nico am Esstisch und genießen die gemeinsam zubereitete Pasta.

«Worüber ich mit dir noch sprechen wollte, Aline ...» Nico wischt sich den Mund ab.

«Bloß nicht mehr über Geschirr oder Wäsche, bitte!»

«Nein, es geht um die Schule. Wie schaffst du es, deine Schülerinnen und Schüler zu eigenständig Lernenden zu machen?»

«Ein großes Thema! Warum fragst du?» Aline legt den Kopf schief.

«Ich verfolge dieses Ziel und frage mich, wie ich es organisieren kann, dass die Klasse mehr Zeit hat, allein und selbstständig zu arbeiten.»

Aline hebt den Mahnfinger. «Achtung, Nico! Mach keinen Überlegungsfehler.» Aline wartet auf seine Reaktion, sieht aber, dass er nicht versteht, was sie meint. «Da liegen gleich zwei Missverständnisse vor. Erstens muss ich, um eine eigenständige Lernerin zu werden, nicht zwingend allein arbeiten. Kooperation ist genauso wichtig. Und zweitens führt mehr Zeit für Einzelarbeit nicht automatisch zu mehr Kompetenzen in der Selbststeuerung.»

«Wie meinst du das?»

instrumentelle Selbstkonditionierung
Kooperation
Selbststeuerung

«Das Ganze ist bei uns in der Schule ein Dauerthema. Du weißt ja, dass wir mit Inputstunden im Klassenverband und fünfzehn Lektionen in Lernlandschaften arbeiten. Die Gefahr besteht dabei zum einen, dass die Inputstunden zu reinem Frontalunterricht verkommen – aber das ist hier nun nicht Thema! –, und zum anderen, dass in den Lernlandschaften eine Dossier-Erledigungs-Mentalität herrscht. Wenn einfach die ganze Stillarbeit in die Lernlandschaft ausgelagert wird und Hunderte von Arbeitsblättern abgearbeitet werden müssen, sind die Schülerinnen und Schüler weit vom selbstbestimmten Lernen entfernt.»

«Was erhofft ihr euch denn von den Lernlandschaften?», fragt Nico interessiert.

«Eigentlich sollen die Schülerinnen und Schüler mehr Verantwortung für ihr Lernen übernehmen. Im Idealfall lernen sie, selbstreguliert zu arbeiten, sich sogar eigene Ziele zu stecken. Damit wären sie nicht nur selbstgesteuerte, sondern sogar autonome Lerner.»

«Höre ich da ein Aber?» Nico kennt seine Freundin zu gut, um den Zweifel in ihrer Stimme zu überhören.

«Aber manche lernen vor allem, möglichst effizient alles zu erledigen und dann beschäftigt auszusehen, damit wir Lehrpersonen sie in Ruhe lassen.» Sie seufzt. «Und das liegt vor allem an den untauglichen Lernaufgaben, die sie oft erhalten.»

«Inwiefern?»

«Gute Lernaufgaben sind offen, was Methode, Inhalt und Organisation betrifft. Es kann also nicht einfach darum gehen, nach dem Dossier ‹passé composé› zum Dossier ‹Relativsätze› zu wechseln. Und noch schlimmer sind Aufträge im Stil von ‹Wähle ein Land und mach ein Plakat dazu›, wo Lernende ohne Anleitung einfach irgendetwas tun dürfen und sich im Internet verlieren, um am Schluss einer Lektion zwei Bilder

Inputstunde
Lernlandschaft
Frontalunterricht

selbstbestimmtes Lernen
Autonomie
Lernaufgaben

ausgedruckt zu haben. Da findet kein Lernen statt. Es braucht Beispiele, Anleitung, Unterstützung oder zusammenfassend gesagt: Lernprozessbegleitung – auch beim selbstständigen Arbeiten.» Aline hat sich richtig in Rage geredet. «Und die Schülerinnen und Schüler benötigen neben den Lehrpersonen, die das eigenständige Lernen begleiten, eben auch die Möglichkeit zur Kooperation mit Peers.»

«Wir haben ja keine Lernlandschaft», versucht Nico das Thema wieder auf seine Ursprungsfrage zu lenken. «Ich hätte jetzt einfach offenen Unterricht gemacht, damit alle mehr Selbstverantwortung erhalten.»

«Was verstehst du unter offenem Unterricht, Nico?»

«Projektunterricht, problemlösenden Unterricht, Werkstattunterricht ...»

«Die Methode definiert die Offenheit noch keineswegs», unterbricht ihn Aline. «Auch vermeintlich offene Lehr- und Lernformen wie Werkstattunterricht können sehr geschlossen sein, wenn beispielsweise vorgegeben ist, welche Posten in welcher Reihenfolge absolviert werden müssen. Wie schon bei den Lernaufgaben gilt auch hier, dass die Offenheit methodisch, organisatorisch und inhaltlich sein kann. Und wenn zum Beispiel nur zur Wahl steht, wann welche Aufgabe gelöst wird – wie zum Beispiel beim klassischen Wochenplanunterricht –, dann ist ein bisschen organisatorische Offenheit gegeben, sonst aber gar nichts.»

«Du sprichst aber auch ohne Punkt und Komma heute», witzelt Nico. «Das wirft man sonst immer mir vor.»

«Es regt mich eben auf, dass auch bei uns im Zusammenhang mit Lernlandschaften oft von offenem Unterricht gesprochen wird und dann immer nur geschlossene Aufträge mit kleiner Freiheit der Zeiteinteilung erteilt werden.»

«Was rätst du mir also?», fragt Nico.

«Lass die Schülerinnen und Schüler möglichst viel selbst wählen – das

Lernprozessbegleitung
Kooperation
Peers
offener Unterricht
Projektunterricht
problemlösender Unterricht
Werkstattunterricht
offene Lehr- und Lernformen
Wochenplanunterricht

Thema, die Arbeitsweise, das Produkt, aber begleite sie eng! Und bevor du mir hier widersprichst: Nein, das ist kein Paradox. Projektunterricht mit authentischen Problemstellungen, einem Lerntagebuch oder einem Portfolio, mit regelmäßigen Besprechungen mit der Lehrperson, mit *peer feedback* und einem klaren, gemeinsam verantworteten Ziel – so stelle ich mir einen offenen Unterricht vor, der eigenständiges Lernen fördert. Und dabei sollte nicht vergessen gehen, dass regelmäßige Arbeitsrückschau, also Reflexion, nötig ist.»

Nico überlegt. «Wichtig ist aber schon auch, ein realistisches Ziel anzustreben. Wenn projektorientiert gearbeitet wird, kann die Lehrperson nicht die ganze Motivationsarbeit leisten. Da muss der Antrieb aus der Selbstbewertung kommen. Zum einen müssen der Selbsteinschätzung affektive Reaktionen wie Stolz und Zufriedenheit folgen können, und zum anderen sind kognitive Reaktionen gefragt.»

«Was meinst du damit genau?»

«Ich spreche von der Selbstwirksamkeitserwartung. Je nachdem, wie die Bewertung ausfällt, ob man seine eigenen Ziele erreicht hat oder nicht, ist die Motivation bei künftigen Aufgaben eine andere.»

Aline legt das Besteck beiseite und stellt die leeren Teller aufeinander. Dann grinst sie Nico an: «Wie steht es um deine Selbstwirksamkeitserwartung, ob du es schaffst, morgen den Geschirrspüler laufen zu lassen?»

authentische Problemstellung
Lerntagebuch
Portfolio
peer feedback

eigenständiges Lernen
Selbstbewertung
affektive Reaktion
kognitive Reaktion
Selbstwirksamkeitserwartung

VERSTEHEN UND ANWENDEN

*«Warum wenden sie
das Gelernte nicht an?»*

Über Nacht ist Schnee gefallen. Während andere an diesem Dezembermorgen verzückt aus dem Fenster schauen, ärgert sich Nico, weil er keine richtigen Winterschuhe hat.

«Machst du heute wieder problemorientierten Unterricht?», fragt Aline und zieht ihre Stiefel an.

«Ja, genau. Warum fragst du?» Nico hat sich seufzend für seine halbwegs wetterfesten Basketballschuhe entschieden.

«Seit wir an jenem Abend im Oktober darüber gesprochen haben, lässt auch mich das Thema nicht mehr los.»

Nico erinnert sich gut an das Gespräch. Seither räumt er nach dem Frühstück nämlich den Geschirrspüler ein und lässt ihn laufen. «Das wusste ich gar nicht. Wir haben immer nur über meinen nun offeneren Deutschunterricht gesprochen.»

«In den letzten Wochen habe ich in meinem Chemieunterricht zwei Vorgehensweisen aus deinem Theoriebuch ausprobiert. Es wird dort von expositorischem Lehren, also einer eher darbietenden Form des Unterrichts, und von entdeckendem Lernen als Gegensatzpaar gesprochen.»

«Ich erinnere mich an das Kapitel. Es geht auch darum, ob *top-down* oder *bottom-up* gelernt wird.» Nico nickt und ist bereits daran, die Frage auf seinen Deutschunterricht anzuwenden. «Ich bin zurzeit daran, die Klasse die Inhalte selbst entdecken zu lassen, also *bottom-up* – ein induktiver Zugang quasi, vom Einzelnen zum Allgemeinen.»

«Das war auch mein favorisierter Zugang, aber ich muss sagen, dass oft mehr hängen bleibt, wenn ich deduktiv vorgehe. Ich versuche mit einem anschaulichen Beispiel – einer Analogie oder einer Metapher – das Thema der Stunde bereits vorab anklingen zu lassen, das Vorwissen der Schülerinnen und Schüler zu aktivieren und damit ihr Lernen zu strukturieren.»

problemorientierter Unterricht
expositorisches Lehren
entdeckendes Lernen
top-down
bottom-up

induktiv
deduktiv
Analogie
Metapher
Vorwissen
advance organizer

«Mit einem *advance organizer*», sagt Nico triumphierend dazwischen.

«Ganz genau, Herr Professor», lacht Aline. «Dann präsentiere ich erst die Formel oder die allgemeine Regel – man könnte auch sagen die Theorie –, bevor die Klasse diese an Beispielen prüft. Das ist voll deduktiv und funktioniert auch!»

«Hat ja auch niemand gesagt, dass dies schlechter sei. Alle Dinge sind Gift – allein die Dosis macht's, wie Paracelsus sagen würde. Das gilt auch für solche gegensätzlichen Unterrichtszugänge, denke ich.» Nico schaut auf die Uhr. «Wir müssen los!»

Mit den Händen in den Jackentaschen und eingezogenem Kopf, damit ihn der Kragen vor der Kälte schützt, eilt Nico zur Schule.

Aline hat recht. Instruktion ist genauso wichtig wie Konstruktion. Aus der Forschung weiß man ja, dass gerade schwächere Schülerinnen und Schüler von gutem instruktivem Unterricht besonders profitieren. Konstruktion braucht es natürlich, aber sich selbst überlassen sind viele mit dieser Konstruktionsleistung überfordert. Richtig verstandene Instruktion leitet an, bietet scaffolds *und Einordnung des Stoffes. Sie aktiviert und darf nicht einfach mit einem Frontalunterricht gleichgesetzt werden, der mit passiver Rezeptionshaltung der Zuhörenden rechnet.*

Nico flucht leise, weil die Schuhe definitiv nicht wasserdicht sind. Der Unterricht beginnt erst in einer halben Stunde. Nico erinnert sich an den ersten Morgen nach den Herbstferien.

Seither hat sich so einiges verändert. Es geht mir definitiv besser – und das insbesondere wegen meiner Klassenführung.

Er denkt an die Rezeptionsklingel, die nun seit vier Wochen in seinem Schulzimmer steht.

Ein paar Prinzipien des Behaviorismus haben durchaus funktioniert.

Instruktion
Konstruktion
scaffolds
Frontalunterricht

Das Ruhigwerden ist nun automatisiert, aber noch immer gelingt es mir nicht, mit Extinktionsmethoden Lucas mühsames Verhalten zu ändern. Ach, der Luca! Auch das selbstbestimmte Arbeiten ist so eine Sache … Aber das habe ich auch gelernt. Nicht alles ist mit dem Theoriebuch zu lösen, und ich kann nicht auf alles Einfluss nehmen. Das Angebots-Nutzungs-Modell von Unterricht hilft, das zu akzeptieren. Ich kann nur das Angebot bereitstellen. Was die Lernenden daraus machen, wird von ganz verschiedenen Faktoren – wie in Lucas Fall zum Beispiel dem Elternhaus – beeinflusst. Auch das macht mich gelassener. Ich bin nicht für alles allein verantwortlich.

«Hallo Nico!» Franziska biegt in die Straße ein. «Du strahlst ja bis über beide Ohren! Was ist los?»

«Guten Morgen, Franziska. Ich ziehe gerade etwas Bilanz. Weißt du, nach den Herbstferien bin ich den gleichen Weg hier gegangen und habe mich so mies gefühlt. Und heute merke ich, dass es mir besser geht, weil ich an meiner Klassenführung, bei der Wissensvermittlung und im Bereich der Motivation und Selbstregulation einiges verändert habe. Es funktioniert nicht alles, aber ich kann die Dinge reflektieren, benennen und einordnen.»

«An der PH hätten sie Freude an dir! Das gibt es ja gar nicht, dass einer durch engeren Theoriebezug seine Praxis verbessert. Deine Geschichte könnte erfunden sein.» Franziska grinst. «Du balancierst souverän über dem Theorie-Praxis-Graben, das macht dich selbst ausgeglichener. Unglaublich!»

Sie hat recht. Jetzt stimmt auch meine Work-Life-Balance.

«Eigentlich geht es ja einfach um horizontalen und vertikalen Transfer – also um Anwendung in ähnlichen oder komplexeren Kontexten.» Nico wird ernst. «Bei uns Lehrpersonen und bei den Lernenden.»

Franziska bleibt kurz stehen. «Das heißt …?»

Angebots-Nutzungs-Modell
Theorie-Praxis-Graben
Work-Life-Balance
horizontaler Transfer
vertikaler Transfer

«Es geht immer darum, das Gelernte anwenden zu können. Ich bin selbst das beste Beispiel dafür. Es darf nicht träges Wissen produziert werden, das im Kontext der Lernsituation verhaftet bleibt und nicht flexibel angewendet werden kann. Zudem muss gemäß der Theorie des situierten Lernens davon ausgegangen werden, dass Wissen nicht von Lehrenden auf Lernende transferiert werden kann, sondern vielmehr Aushandlung von Bedeutung in einem konkreten Kontext, einer bestimmten Situation ist. Man spricht auch von *anchored instruction*, also dem Erwerb von Expertise durch Lernen in authentischen Problemsituationen. Das folgt der sozialkonstruktivistischen Lerntheorie, wonach durch die Teilnahme an den Problemlöseprozessen von Expertinnen und Experten und im sozialen Austausch das Eintauchen und Hineinwachsen in die Kultur geschieht. Man nennt den Prozess Enkulturation, wobei die Lernenden als potenzielle Mitglieder der Expertenkultur verstanden werden.»

«Und diese Experten sind im Kontext der Schule wir Lehrpersonen?», fragt Franziska.

«Genau.»

«Aber widersprichst du dir jetzt nicht selbst? Einerseits darf das Wissen nicht träge im Lernkontext verhaftet bleiben, anderseits soll es durch die Lehrpersonen und im Kontext Schule ‹situiert› sein?»

«Nein, ‹situiert› heißt nicht, dass Wissen nicht in der Schule gelernt werden darf, sondern dass Lernen in vielen verschiedenen und möglichst praxisnahen Kontexten geschieht, sodass der Transfer einfacher ist. Zentral dabei sind die soziale Interaktion und die Möglichkeit, in *communities of practice* – also auch mit Peers – zu lernen. Es geht damit über das *learning by doing* hinaus, das auf die Praxisanwendung fokussiert. Es ist *learning in doing* und legt insbesondere Wert auf die Erfahrungen, die in der sozialen Interaktion gemacht werden.»

träges Wissen
situiertes Lernen
anchored instruction
sozialkonstruktivistische Lerntheorie
Enkulturation
Expertenkultur
soziale Interaktion
communities of practice
learning by doing
learning in doing

Franziska hebt eine Augenbraue. «Welches Teufelszeug nimmst du zum Frühstück?» Sie lacht. «Du erinnerst mich an einen Sportpädagogen in meiner Ausbildung. Der hat viel von Modelllernen, stellvertretender Verstärkung und *cognitive apprenticeship* gesprochen. Aber ich würde es nicht mehr zusammenbringen.»

Nico ist herausgefordert. «Ich glaube, ich weiß, was du meinst. Wir haben noch zwei Minuten bis zum Schulhaus. Bist du bereit?»

«Immer – leg los.»

«Du vermischt da einige Lernparadigmen, aber die sind für den Sportunterricht sicher alle wichtig. Beginnen wir beim behavioristischen Verstärkungslernen. Der amerikanische Lernpsychologe Albert Bandura hat – zum Beispiel mit dem Bobo-Doll-Experiment – zeigen können, dass nicht nur direkte positive Verstärkung wirkt, sondern auch stellvertretende. Das heißt, dass zum Beispiel eine Sportschülerin nicht zwingend selbst etwas tun und dafür gelobt werden muss, um positive Verstärkung zu erfahren. Sie kann den Erfolg einer Kollegin sehen, wodurch stellvertretende Verstärkung geschieht. Oder auf den Unterricht angewendet: Wenn jemand mit einer bestimmten Technik – sagen wir mal beim Parkour-Training mit einem Sprung über ein Hindernis – erfolgreich ist, werden andere diese Technik mit hoher Wahrscheinlichkeit auch anwenden. Dies gilt umso mehr, wenn das Vorbild sozial angesehen ist, als kompetent eingestuft wird, das gleiche Ziel verfolgt und wenn sich Beobachtende zur Nachahmung befähigt fühlen. Diese Erkenntnis kann man natürlich auch als Lehrperson nutzen, um selbst als Vorbild zu fungieren oder aber Schülerinnen und Schüler, die von anderen gern kopiert werden, gezielt als Modelle einzusetzen. Das ist selbstverständlich nicht nur im Sportunterricht wichtig.»

Inzwischen sind Franziska und Nico auf dem Pausenhof angekommen.

«*Cognitive apprenticeship* heißt auf Deutsch kognitive Lehrzeit und

Modelllernen
Lernparadigma
Verstärkungslernen

positive Verstärkung
stellvertretende Verstärkung
cognitive apprenticeship
kognitive Lehrzeit

meint im Prinzip, dass man auch beim Lernen die typischen Schritte einer Berufslehre durchlaufen kann. Ein typischer Lernprozess beginnt beim Vorzeigen – dem *modeling*. Anschließend wird unterstützt, das ist das *scaffolding*. Mit *fading* wird die nachlassende Unterstützung durch die Lehrperson bezeichnet. Beim *coaching* geht es dann nur noch um ein betreutes Beobachten. Das Konzept passt natürlich sehr gut zum Sportunterricht, kann aber auch in allen anderen Fächern Anwendung finden.» Franziska klopft Nico anerkennend auf die Schulter. Er öffnet die Tür zum Schulhaus.

«Jetzt wechsle aber schnell die Rolle, Nico. Nun bist du nicht mehr Dozent, sondern Lehrperson.»

Nico betritt beschwingt das Klassenzimmer. Er denkt an die Doppelstunde Deutsch, die vor ihm liegt. In seinem offenen und zuweilen problemorientierten Unterricht der letzten Wochen konnte er einige Lernstrategien vermitteln und mit der Klasse reflektieren.

Ich bin gespannt, wie sie auf meine topaktuelle Aufgabe zum gestrigen Brückeneinsturz reagieren. Hat ja nur bedingt mit Deutsch zu tun, aber sie können die verschiedenen besprochenen Problemlösestrategien anwenden.

Nico beginnt die Stunde damit, dass die Schülerinnen und Schüler einen Zeitungsartikel zum Ereignis lesen. Danach teilt er sie in Viererteams ein und erläutert den Gruppenauftrag: «Ihr bekommt fünfzig A4-Blätter. Daraus baut ihr eine möglichst tragfähige Brücke, die einen dreißig Zentimeter breiten Graben zwischen zwei Schulbänken überwindet.

modeling
scaffolding
fading
coaching

Wir werden mit Gewichten testen, welches Modell am meisten aushält. Es ist ein Wettbewerb. Andere Hilfsmittel als Leim und Schere sind nicht erlaubt. Die Gruppe mit der stärksten Konstruktion gewinnt. Fragen?» Nico wartet. «Keine? Ihr habt zwanzig Minuten Zeit. Los!»

Die dazu passenden physikalischen Gesetze kenne ich ja selbst nicht. Aber darum geht es nicht, ich will nur sehen, ob sie sich an die besprochenen Heuristiken erinnern und die Such- und Denkstrategien anwenden können.

Nico hört sich die Diskussion der ersten Gruppe an. Es ist vor allem Lisa, die spricht. Sie stellt gute Fragen.

«Was ist das Ziel, Leute? Stellt euch mal vor, wie die Brücke am Schluss aussehen soll. Was macht sie stabil? Und wie können wir das mit diesen Blättern umsetzen?» Nico freut sich.

Lisa hat meinen Input von letzter Woche aber echt verinnerlicht. Ziel-Mittel-Analyse und die Technik des Rückwärtsarbeitens in Reinkultur! Was will man mehr.

Er geht weiter zur zweiten Gruppe. Hier gibt es keine klare Wortführerin. Die Schülerinnen und Schüler diskutieren angeregt miteinander.

Ja, so stelle ich mir eine Gruppenarbeit vor. Es wird nicht einfach aufgeteilt, wer was macht, sondern wirklich kooperiert. Das heißt, nicht die Arbeitsteilung und das effiziente Erreichen des Ergebnisses stehen im Vordergrund, sondern das gemeinsame Lernen. Es würde mich nicht wundern, wenn diese Gruppe die beste Brücke baut.

Nico hört Mia sagen: «Ich habe mich gefragt, wie es möglich ist, mit extrem leichtem und selbst ja nicht besonders festem Material etwas Stabiles hinzukriegen. Dabei ist mir das Bild eines Seils in den Sinn gekommen. Die einzelnen Fasern des Seils werden ja miteinander verflochten. Könnten wir so etwas auch hier machen?»

Auch eine schöne Heuristik: Das Bilden von Analogien. Ich nutze das

Heuristik
Ziel-Mittel-Analyse
Rückwärtsarbeiten

Gruppenarbeit
Kooperation
Analogie

Prinzip ja manchmal selbst im Unterricht, wenn ich die Stunde mit einem advance organizer *beginne.*

In der dritten Gruppe spricht nur Amy, die andern nicken bloß. Als Nico nähertritt, erkennt er, dass Amy durchaus eine der vermittelten Lerntechniken anwendet.

Sehr gut! Verbalisieren ist eine ausgezeichnete Heuristik. Amy kleidet ihre Ideen der Problemlösung in Worte. Einfach schade, dass die anderen so wenig sagen und nur nicken.

Cédric hat zwar einen ausgezeichneten Einfall, aber da sich die anderen nicht in ihren Überzeugungen bestätigt sehen, kann er sich nicht durchsetzen. Er gibt dem Frieden zuliebe nach.

Das Problem der Bestätigungstendenz. Schade! Die anderen Gruppenmitglieder fühlen sich durch Mias Ideen bestätigt. Ihre Vorschläge lassen sie deshalb gelten, Cédrics Einfälle nicht. Und im Ergebnis der Gruppenarbeit finden wir dann die Schwierigkeit, Kompetenz von Performanz zu unterscheiden. Gäbe es eine Note für die Papierbrücke, würde diese Gruppe wohl nicht die beste erreichen. Sie schöpfen ihr Potenzial nicht aus. Cédric ist einer der cleversten Köpfe, insistiert aber in der Gruppe aus Rücksicht auf die anderen nicht. Performanz und Kompetenz stimmen also nicht überein. Ein Problem, das mich nicht nur im Zusammenhang mit Gruppenarbeiten beschäftigt …

Bei der vierten Gruppe stößt Nico auf ratlose Mitglieder. Luca faltet gerade einen Papierflieger.

Warum kommt ausgerechnet diese Gruppe nicht vom Fleck? Luca alleine die Schuld zu geben, wäre sicher unfair. In meinem Buch stand ja, dass die Gruppenzusammensetzung für den Lernerfolg von Leistungsstarken egal sei, dass aber leistungshomogene Gruppen für mittelstarke Lernende besser seien, während leistungsschwache Schülerinnen und Schüler in leistungs-

advance organizer
Lerntechnik
Verbalisieren
Bestätigungstendenz
Kompetenz
Performanz
Potenzial
leistungshomogene Gruppe

heterogenen Gruppen mehr profitieren würden. Und hier habe ich nun also eine schwache Gruppe vor mir. Denen fehlt das Zugpferd oder die Bereitschaft zur Zusammenarbeit. Kooperation lässt sich eben auch nicht einfach lehren und lernen. Diese Gruppe braucht wohl meine Unterstützung, die ja schließlich zeitnah sein soll.

«Wo steht ihr?», fragt Nico betont neutral.

Noch besser wäre natürlich, wenn sie die Hilfe selbst anfordern würden. Das muss ich ihnen dringend beibringen. Sie müssen lernen, Hilfe zu holen und Hilfe anzunehmen. Optimal wäre, wenn Peers die Hilfe anbieten könnten – aber eben, dafür müsste ich die Gruppen wohl bei dieser Art von Arbeit bewusster einteilen. Dieser Zusammensetzung hätte jedenfalls etwas Leistungsheterogenität gutgetan.

«Das geht ja gar nicht. Sehen Sie, wenn man ein Blatt über den Spalt legen will, ist es zu kurz, und wenn man zwei zusammenklebt, hält es nicht.» Anna klingt leicht verzweifelt.

Es ist ein Fall von funktionaler Gebundenheit – also einer Unfähigkeit, Gegenstände und Werkzeuge auf eine neue Art und Weise einzusetzen. Anna sieht das Blatt nur im A4-Format und als Fläche. Dass man es auch verdrehen, zerknüllen, falten oder in Streifen schneiden kann, fällt ihr nicht ein. Und die anderen Gruppenmitglieder helfen ihr nicht weiter.

«Wir kleben einfach fünfundzwanzig mal zwei Blätter zusammen. Dann wird das recht stabil», bemerkt Luca, der sich etwas konzentrierter zeigt, seit Nico bei der Gruppe steht.

Es ist Rigidät – auf die gewohnte Art reagieren und die Alternativen gar nicht erwägen. Papier ist stabiler, wenn es dick ist. Das weiß Luca. Er ist aber nicht fähig, darüber hinauszudenken.

«Aber die Brücke wird doch so auch viel schwerer und dann in der Mitte durchhängen, oder?», wagt Anna einzuwenden.

leistungsheterogene Gruppe
funktionale Gebundenheit
Rigidät

Ein guter Gedanke!

«Eine Stahlbrücke ist auch schwer. Damit hat das doch nichts zu tun, du Birne!» Luca ist gewohnt grob.

Überzeugungsperseveranz! Die Tendenz, auch bei guten Argumenten an der eigenen Idee festzuhalten.

«Versucht, noch weitere Überlegungen anzustellen, wie Papier Stabilität erreicht. Wann reißt es beispielsweise nicht?» Nico verlässt nach dem Input die Gruppe wieder. Er will nicht zu sehr helfen und setzt sich an sein Pult.

Dieser letzten Gruppe fehlt es auch an Kreativität. Dabei ist es ja genau das Ziel der Stunde zu erfahren, dass gemeinsam mehr Lösungen gefunden werden als allein. Wie war das wieder bei Guilford? Kreativität ist eine spezielle Form des Denkens. Er unterscheidet konvergentes von divergentem Denken. Ersteres ist gefordert, wenn für eine klar umrissene Problemstellung eine Lösung gesucht ist. Letzteres ist bei dieser Brückenaufgabe gefragt, weil es mehrere Lösungen gibt. Welches sind schon wieder die Kriterien für dieses divergente Denken?

Nico blättert in seinem Lehrbuch zum Kapitel «Kreativität und Kognition» und beginnt zu lesen.

«Erstens: Ideenflüssigkeit.» Das heißt, es müssten möglichst viele Möglichkeiten genannt werden, wie die Brücke gebaut werden kann. «Zweitens: Flexibilität.» Das bedeutet, dass die gewohnten Wege des Denkens verlassen, neue Perspektiven eingenommen und alternative Ideen entwickelt werden sollen. «Drittens: Redefinition.» Das bedeutet, die funktionale Gebundenheit zu überwinden und das Papier zum Beispiel auch als Material für eine Seilkonstruktion zu sehen. «Viertens: Elaboration.» Das bedeutet, die vielleicht kaum umsetzbaren Ideen an die Realität anzupassen und umzusetzen. «Fünftens: Originalität.» Das bedeutet, dass besonders kreativ ist, wer auch Ideen

Überzeugungsperseveranz
Kreativität
konvergentes, divergentes Denken
Ideenflüssigkeit
Flexibilität
Redefinition
Elaboration
Originalität

entwickelt, auf die neunzig Prozent der anderen Menschen nicht kommen würden. Ich bin gespannt, ob sich die kreativste Gruppe auch durchsetzen wird. Wohl eher nicht, denn jetzt begreife ich gerade, dass ich einen wesentlichen Fehler begangen habe. Hier steht nämlich, dass Kreativität durch Zeitdruck und Wettkampfdenken behindert wird. Extrinsische Motivation und Kreativität würden sich widersprechen, heißt es. Na ja, alles geht halt nicht. So habe ich wenigstens einige der sonst oft Gleichgültigen herausgefordert, die Siegerbrücke zu bauen.

Die Doppellektion endet wie erwartet. Die Gruppe rund um Lisa baut die belastbarste Brücke. Cédric ist der Einzige, der erklären kann, weshalb dies so ist, und Luca nutzt Nicos kurze Momente der Unaufmerksamkeit, um seine Mitschüler mit Papierkügelchen zu bewerfen.

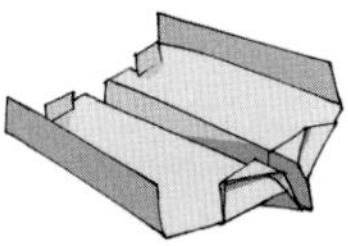

Es ist fünf nach zwölf. Nico stellt seine Pasta in die Mikrowelle, als Franziska ins Lehrerzimmer kommt.

«Wie ist dein Morgen gelaufen?»

Nico überlegt. «Eigentlich ganz gut, aber ich merke einfach, dass bei einigen Schülerinnen und Schülern Verstehen und Anwenden weit auseinanderliegen. Der Transfer gelingt irgendwie nicht.»

Franziska grinst. «Was sagt dein schlaues Buch?»

«Du hast mich durchschaut.» Nico ist verlegen. «Tatsächlich habe ich in der Zwischenstunde etwas gelesen.» Er trägt das dampfende Nudelgericht zum Tisch, wo sich weitere Kolleginnen und Kollegen eingefunden haben. In Kürze beginnt die wöchentliche Schulhauskonferenz. Nico setzt sich neben Thomas, unterbricht aber das Gespräch mit Franziska nicht. «Vom negativen Transfer, dass also vorangegangenes Lernen sogar hemmend wirkt, gehe ich mal nicht aus. Aber auch beim positiven Transfer gibt es noch viele Dimensionen, die ich wohl nicht alle beachtet habe.»

Thomas mischt sich ein: «Sprichst du wieder von Lothar Matthäus? Das wäre gar kein positiver Transfer. Seine Zeit ist vorbei.» Er schaut sich um, als ob er für den flachen Witz Applaus erwarten würde.

Mildes Lächeln rundherum.

«Transfer kann horizontal oder vertikal sein», fährt Nico unbeirrt weiter. «Ich glaube, wir übersehen im Unterricht manchmal, dass zuerst viel horizontaler Transfer geschehen muss, also an ähnlichen Beispielen gelernt werden soll. Erst dann ist vertikaler Transfer respektive eine Anwendung auf einer höheren Komplexitätsstufe möglich.»

«Du redest wieder geschwollen daher», spottet Thomas. «Das weiß man schon lange. Seit zwanzig Jahren lasse ich meine Klassen üben, bis ihnen die Ohren wackeln. Nur so bleibt etwas hängen.»

Nico nickt. «Man nennt das ‹Überlernen›. Es ist äußerst wichtig – auch Profis tun das. Man muss nur einmal an Zirkusartisten denken, die auch das noch üben, was sie bereits perfekt beherrschen.»

«Genau wie Spitzensportlerinnen», pflichtet Franziska bei.

«Nur darf man nicht vergessen, dass beim Überlernen der Fokus auf Low-Road-Transfer liegt, also auf der automatischen Übertragung ohne bewusste Aufmerksamkeit. Wir wünschen uns aber eben auch High-Road-Transfer, nämlich aktives Nachdenken und bewusstes Anwenden auf neue Situationen. Es geht also nicht um proximalen, sondern um distalen Transfer – die Anwendung in einem etwas weiter entfernten Kontext. Und dabei ist es eben auch wichtig, dass nicht nur spezifischer

negativer Transfer
positiver Transfer
horizontaler Transfer
vertikaler Transfer
Üben
Überlernen

Low-Road-Transfer
High-Road-Transfer
proximaler Transfer
distaler Transfer
spezifischer Transfer

Transfer geschieht – das wäre der Profifußballer, der seine im Training überlernte, eng umrissene Fähigkeit im Spiel anwendet –, sondern eben unspezifischer Transfer auf neue Lernfelder.»

Thomas gibt sich unbeeindruckt. «Und was schlägt der Herr Professor vor, damit das geschieht?»

«Hierfür braucht es die Kreativität fördernde Aufgabenstellungen. Nur zu üben, reicht also nicht.» Nico streift Thomas mit einem Seitenblick. «Zudem müsste binnendifferenziert geübt werden, damit alle profitieren.»

«Du gibst nicht auf mit diesen utopischen Forderungen, was?» Thomas ist verärgert. Er hat die versteckte Kritik sehr wohl erkannt.

«Mir ist durchaus bewusst, dass hier eine Distanz zwischen ‹theoretisch optimal› und ‹praktisch möglich› liegt, aber ich habe in den letzten Monaten gemerkt, dass es mir hilft, die Dinge zu benennen und mich am Ideal zu orientieren, ohne dabei zu vergessen, dass guter Unterricht immer nur ein Angebot ist.»

Noch bevor Thomas etwas entgegnen kann, hebt der Schulleiter die Hand und eröffnet die Sitzung: «Hallo zusammen. Wir kommen gleich zum ersten Traktandum: dem Plan der Hausämter fürs kommende Jahr. Habt ihr euch Gedanken gemacht?»

«Ich melde mich aufgrund meiner neu erworbenen Kompetenzen für die Nummer vier», sagt Nico lachend. Verständnislose Blicke im Lehrerzimmer.

«Ja, zu Hause klappt es bereits bestens. Nun muss ich einfach herausfinden, ob mir der horizontale Transfer gelingt.»

Fragende Gesichter.

«Ihr versteht nicht?» Nico grinst. «Egal! Jedenfalls übernehme ich gerne das Amt ‹Geschirrspülmaschine›.»

unspezifischer Transfer

STICHWORTVERZEICHNIS

A

B

L

M

S

T